Reinhard Abeln

Halte mich fest, Herr

Gebete für ältere Menschen

fe

2. Auflage 2020

Hauptstr. 22, D-88353 Kißlegg
Umschlaggestaltung: Renate Geisler
Umschlagfoto: Hubert Gomm
Druck: Sosset, Kißlegg

ISBN 978-3-86357-074-3

Reinhard Abeln

Halte mich fest, Herr

Gebete für ältere Menschen

Inhalt

Ein Wort voraus

Für den gläubigen Christen gibt es vor allem *einen* Weg, um mit dem Alter fertigzuwerden: sein ganzes Vertrauen auf Gott setzen, sich ohne Wenn und Aber in IHN hineinfallen lassen, IHM sagen: „Mein Leben ist in DEINER Hand. Tu mit mir, was DU willst!“

Es ist eine jahrhundertalte Erfahrung: Wer betet, wird besser mit dem Leben, vor allem mit Alleinsein, Krankheit, Leid, schweren Stunden oder schwierigen Situationen, fertig. Er vermag allem den richtigen Stellenwert zu geben. Er erkennt, dass er in Gottes liebender Sorge ruhen darf, dass Gott sein Bestes will – auch wenn er SEINE Wege oftmals nicht versteht.

Im Gebet kommt die rastlose Seele zur Ruhe. Es schenkt dem älteren und von allerlei Nöten geplagten Menschen Mut und Trost, bringt Licht in die dunkle Nacht seines Kreuzes. Gott lässt es sich nicht nehmen, dem Menschen dann zu begegnen, wenn dieser IHM in gläubigem Vertrauen sein Herz hinhält.

Georg Moser, der im Jahre 1988 verstorbene Bischof der Diözese Rottenburg-Stuttgart, hat einmal das nachdenkenswerte Wort gesprochen: „Ungezählte Menschen haben Gott in der dunklen Nacht ihres Lebens und Leidens angerufen und im Gebet Zuversicht und Kraft gefunden.“

Dieses Gebetbuch möchte älteren Menschen eine Hilfe sein für das Gespräch mit Gott an jedem Tag – auch in der Nacht. Es enthält viele neue, aber auch überlieferte Gebete, die immer wieder in die eine entscheidende Bitte einmünden: „Vater, DEIN Wille geschehe!"

Der berühmte, 1940 an Zungenkrebs verstorbene Philosoph Peter Wust von der Universität Münster bekam kurz vor seinem Tod Besuch von seinen Schülerinnen und Schülern. Der sterbende Gelehrte verabschiedete sich von ihnen mit den Worten:

„Und wenn Sie mich nun noch fragen sollten, bevor ich jetzt gehe und endgültig gehe, ob ich nicht einen Zauberschlüssel kenne, der einem das Tor zur Weisheit des Lebens erschließen könnte, dann würde ich Ihnen antworten: Jawohl! Und zwar ist dieser Zauberschlüssel nicht die Reflexion (Forschung und Überlegung), wie Sie es von einem Philosophen vielleicht erwarten möchten, sondern das Gebet. Das Gebet, als letzte Hingabe gefasst, macht still, macht kindlich, macht objektiv. Die großen Dinge des Daseins werden nur den betenden Geistern geschenkt. Beten lernen aber kann man am besten im Leiden."

Vielleicht kann Sie, liebe Leserinnen und Leser, dieses Wort ein wenig nachdenklich stimmen. Vielleicht können Ihnen auch die nachfolgenden

Gebete eine kleine Hilfe sein. Beten Sie heute dieses und morgen jenes Gebet! Gott leiht Ihnen stets sein Ohr, hat immer für Sie Zeit – als ob er allein für Sie da wäre!

Reinhard Abeln

Gebete am Morgen

Steh mir bei mit deiner Gnade!

Mein Herr und mein Gott,
himmlischer Vater!
Du hast mich in dieser Nacht
wohl behütet und schenkst mir
wieder einen neuen Tag.
Dafür danke ich dir.
Ich bitte dich:
Steh mir heute bei mit deiner Gnade!
Lass mich den Tag so leben,
wie du ihn haben möchtest!
Alle meine Kräfte will ich verwenden
zu deiner Ehre
und zu meiner Mitmenschen Heil.
Erleuchte, stärke und führe mich! Amen.

Reinhard Abeln

*

So ein Tag, Herr

Herr,
ich werfe meine Freude
wie Vögel an den Himmel.
Die Nacht ist verflattert
und ich freue mich am Licht.
So ein Tag, Herr,
so ein Tag.

Herr,
ich freue mich an der Schöpfung.
Und dass du dahinter bist
und daneben und davor
und darüber
und in uns.

Gebet aus Afrika

*

Ich danke dir für jeden Tag

Großer und guter Gott,
ich danke dir für jeden Tag,
den ich leben darf.
Ich danke dir für jedes Lächeln,
das mir einer schenkt,
für jede Gefälligkeit,
die mir jemand erweist,
für jeden Trost,
den ich erhalte,
für jede Blume,
die mir Freude bringt.
Ich danke dir
für jedes Tröpflein Glück,
für jeden friedvollen Augenblick,
für jeden empfangenen Freudenstrahl …
Herr, du lässt mich täglich spüren,
wie sehr du mich liebst.
Ich danke dir. Amen.

Reinhard Abeln

Wenn ich erwach am frühen Morgen

Wenn ich erwach am frühen Morgen,
Herz Jesu, dann begrüß ich dich,
um für des Tages Müh und Sorgen
dir innig zu empfehlen mich.

Auf dich, o Herr, will ich nur schauen,
du bist mein Stern, mein Trost, mein Licht,
und mutig will ich dir vertrauen,
denn deine Liebe wanket nicht.

So nimm mein Herz dir ganz zu eigen,
gib du ihm Kraft zur guten Tat,
und sollte es zur Sünde neigen,
halt du es fest in deiner Gnad! Amen

Überliefert

*

In dieser Morgenstunde

Zu dir, o Gott,
erwache ich in dieser Morgenstunde.
Das erste Wort,
das meine Zunge ausspricht, ist:
Gott, mein Vater!
Meine erste Freude ist,
dass du bist und dass du mein Vater bist.
Von dir ist alles Gute, das ich bin und
habe.

Wessen sollte ich sein,
wenn ich nicht dein wäre?
Alles ist dein Werk,
darum sei alles zu deiner Verehrung
geheiligt.
Alles, was ich bin und habe,
sei nur dazu tätig,
deinen Willen zu erfüllen.
Vater, dein bin ich heute und allezeit.
Dein Wille geschehe an mir
und an allem, was mein ist.
Vater, segne meinen Vorsatz,
den ich jetzt in dieser Morgenstunde
vor deinem Angesicht gefasst,
dass ich am Abend
nichts zu bereuen habe! Amen.

Johann Michael Sailer

*

Herr, öffne meine Augen!

Herr, öffne meine Augen,
meine Ohren,
meinen Mund und mein Herz,
dass ich nicht gleichgültig
oder gar missgestimmt
den heutigen Tag beginne!
Wecke in mir die Fähigkeit,
die Kälte unter den Menschen
aufzutauen –

durch meine aufrichtige Liebe
und Herzlichkeit!
Lass mich,
wenn auch nur einen bescheidenen,
so doch ehrlichen Beitrag leisten,
dass wir Menschen
uns nicht aus-einanderleben,
sondern mit-einander umgehen! Amen.

*

O Gott, du hast in dieser Nacht

O Gott, du hast in dieser Nacht
so väterlich für mich gewacht,
ich lob und preise dich dafür
und dank für alles Gute dir.

Bewahre mich auch diesen Tag
vor Sünde, Tod und jeder Plag,
und was ich denke, red und tu,
das segne, bester Vater, du!

Beschütze auch, ich bitte dich,
o heilger Engel Gottes, mich!
Maria, bitt an Gottes Thron
für mich bei Jesus, deinem Sohn,
der hochgelobt sei allezeit
von nun an bis in Ewigkeit. Amen.

Überliefert

*

Behüte mich auch diesen Tag!

Vater im Himmel, ich danke dir
durch Jesus Christus, deinen Sohn,
dass du mich in dieser Nacht
vor allem Schaden und vor aller Gefahr
behütet hast.
Ich bitte dich,
behüte mich auch diesen Tag
vor Sünde und allem Bösen,
dass dir mein Tun und Leben gefalle!
Ich befehle mich, meinen Leib
und meine Seele und alles
in deine Hände.
Sei du mit mir,
dass ich mein Leben bestehe! Amen.

Nach Martin Luther

*

Gib mir Kraft für einen Tag!

Gib mir Kraft für einen Tag!
Herr, ich bitte nur für diesen,
dass mir werde zugewiesen,
was ich heute brauchen mag.

Jeder Tag hat seine Last,
jeder Tag bringt neue Sorgen
und ich weiß nicht, was für morgen
du mir, Herr, beschieden hast.

Aber eines weiß ich fest,
dass mein Gott, der seine Treue
täglich mir erwies aufs Neue,
sich auch morgen finden lässt.

Überliefert

*

Lob und Dank für die Nacht

Vater im Himmel,
Lob und Dank sei dir
für die Ruhe der Nacht.
Lob und Dank sei dir
für den neuen Tag.
Lob und Dank sei dir
für alle deine Güte und Treue
in meinem vergangenen Leben.
Du hast mir viel Gutes erwiesen;
lass mich nun auch das Schwere
aus deiner Hand hinnehmen.
Du wirst mir nicht mehr auferlegen,
als ich tragen kann.
Du lässt deinen Kindern
alle Dinge zum Besten dienen.

Dietrich Bonhoeffer

*

Der Tag ist aufgegangen

Der Tag ist aufgegangen;
Herr Gott, dich lob ich allezeit.
Dir sei er angefangen,
zu deinem Dienst bin ich bereit.

Den Tag will ich dir schenken
und alles, was ich tu,
im Reden und im Denken,
im Werk und in der Ruh.

Es wolle mich nun segnen
Gott Vater, Sohn und Heilger Geist.
Herr, was mir soll begegnen,
das mache, wie du willst und weißt!

Zu deines Namens Ehren
geschehe, was geschieht.
Dein Lob nur will ich mehren
und preisen deine Güt.

Dresden 1767

*

Jeder Tag – ein neuer Tag

Herr, an diesem Morgen
bedenke ich vor dir den Tag,
der jetzt für mich beginnt.
Auch wenn ich heute nicht alles
in deinem Sinn tun kann,
hilf mir, deinen Willen
etwas besser zu tun als gestern.
Auch wenn deine Gegenwart
mich nicht ganz durchdringt,
hilf, dass sie mir nicht verloren geht.
Auch wenn ich nicht alle Menschen
selbstlos lieben kann,
hilf, dass ich keinen entmutige,
der mir begegnet.
Auch wenn mein Herz deine Ewigkeit
nicht umfängt,
gib mir Zuversicht
für den nächsten Schritt.
Jeder neue Tag ist ein neues Angebot
von dir, Herr.
Hilf mir, dass ich es nutzen kann.

Verfasser unbekannt

*

Schon zieht herauf des Tages Licht

Schon zieht herauf des Tages Licht,
wir flehn zu Gott voll Zuversicht:
Bewahre uns an diesem Tag
vor allem, was uns schaden mag.

Rein sei das Herz und unversehrt
und allem Guten zugekehrt,
und gib uns jeden Tag das Brot
für unsre und der Brüder Not.

Dich, Vater, Sohn und Heiliger Geist,
voll Freude alle Schöpfung preist,
der jeden neuen Tag uns schenkt
und unser ganzes Leben lenkt.

Morgengebet der Kirche
(Ambrosius zugeschrieben)

*

In deinem Namen beginne ich

Herr, dieser Tag
und was er bringen mag,
sei mir aus deiner Hand gegeben.
Du bist der Weg,
die Wahrheit und das Leben.
Du bist der Weg,
ich will ihn gehn.
Du bist die Wahrheit,
ich will sie sehn.
Du bist das Leben.

Mag mich umwehen
Leid und Kühle,
Glück und Glut –
alles ist gut.
So wie es kommt,
gib, dass es mir frommt.
In deinem Namen beginne ich. Amen.

Überliefert (Ignaz Klug)

*

Ich weihe dir mein Tagwerk

Ich bete dich an, Gottvater,
der mich erschaffen.
Ich bete dich an, Gottsohn,
der mich erlöst hat.
Ich bete dich an, Heiliger Geist,
der mich so oft geheiligt hat
und noch heiligt.
Aus reiner Liebe
und dir zur größeren Ehre
weihe ich dir mein kommendes Tagwerk.
Ich weiß nicht,
was mir heute alles bevorsteht,
ob Leid oder Liebe,
Freude oder Traurigkeit,
Trost oder Kummer.
Mag sein, wie es dir gefällt,
ich überlasse mich deiner Vorsehung
und füge mich deinem Willen.

Franz Xaver

Ich bitte um Kraft

Ich bitte dich, Herr,
um die große Kraft,
diesen kleinen Tag zu bestehen,
um auf dem großen Weg zu dir
einen kleinen Schritt
weiterzugehen.

Ernst Ginsberg

*

Segne den neuen Tag!

Herr, unser Gott,
du hast deinen Sohn Jesus Christus
als Licht in die Welt gesandt,
um die Finsternis zu vertreiben
und die Nacht in Tag zu verwandeln.
Segne diesen neuen Tag
und erfülle unser Herz
mit dem Licht deiner Gnade!
Durch Christus, unseren Herrn. Amen.

Reinhard Abeln

*

Für alles sei gepriesen

Für den Bach nah der Quelle,
munter sprudelnd und hüpfend
und quirlend,

für den Gipfel, der aufflammt
in der aufgehenden Sonne,
rein, rosenrot, hinreißend,

für die Blütenknospe, die sich auftut
noch frisch vom Morgentau
und reich von versprochener Frucht,

für den Lobgesang der Frühe,
der das Gebet und die Freude
und die Mühe des Tages schultert,

für alles, was singt und aufblüht,
was begeistert und verheißt,
für alles, was beginnt,

sei, Herr, gepriesen.

Aus der französischen Zeitschrift „Prier"

*

Schenke den Traurigen Freude!

Herr, lass diesen Tag
einen Tag der Zuversicht,
der Freude und des Dankes werden!
Schenke Freude den Traurigen,
Trost den Schwermütigen,
Klarheit den Verwirrten!
Ich danke dir
für den lieben Menschen,
der zu mir steht,
meine Last mit mir trägt,
meine Gedanken teilt,
der mich tröstet,
mit mir glücklich ist.
Lass mich dir dadurch danken,
dass ich deine Liebe
an andere weitergebe! Amen.

Reinhard Abeln

*

Gebete während des Tages

Du bist allweise und allmächtig

Mein Gott, du, nur du allein
bist allweise und allwissend.
Ich glaube, dass du weißt,
was das Beste für mich ist.
Ich glaube, dass du mich mehr liebst,
als ich mich selbst lieben kann,
dass du allweise bist in deiner Vorsehung
und allmächtig in deinem Schutz.
Ich danke dir aus ganzem Herzen,
dass du mich von mir selbst befreit
und mir geboten hast,
mich in deine Hand zu geben.
Herr, durch deine Gnade
will ich dir folgen,
wohin immer du gehst.
Ich will warten auf dich,
auf deine Führung,
und wenn ich sie erlangt habe,
will ich in Schlichtheit handeln
und ohne Furcht. Amen.

John Henry Newmann

*

Ich glaube an dich, Herr

Ich glaube an dich, Herr,
aber mach meinen Glauben fest!

Ich hoffe auf dich,
aber stärke meine Hoffnung!

Ich liebe dich,
aber gib mir mehr Liebe!

Ich bereue,
aber gib mir die Kraft zur Umkehr!

Dir weihe ich meine Gedanken,
dass ich an dich denke;
meine Worte,
dass ich von dir spreche;
meine Taten,
dass ich sie nach dir einrichte;
meine Leiden,
dass ich sie dir zuliebe ertrage.

Ich will, was du willst,
weil du es willst,
so, wie du es willst
und so viel du willst. Amen.

Papst Clemens XI.

*

Herr, schicke, was du willst!

Herr, schicke, was du willst,
ein Liebes oder Leides;
ich bin vergnügt, dass beides
aus deinen Händen quillt.

Wollest mit Freuden
und wollest mit Leiden
mich nicht überschütten!
Doch in der Mitten
liegt holdes Bescheiden.

Eduard Mörike

*

Der Herr ist mein Hirte

Der Herr ist mein Hirte,
nichts wird mir fehlen.
Er lässt mich lagern auf grünen Auen
und führt mich zum Ruheplatz am Wasser.
Er stillt mein Verlangen;
er leitet mich auf rechten Pfaden,
treu seinem Namen.

Muss ich auch wandern
in finsterer Schlucht,
ich fürchte kein Unheil;

denn du bist bei mir,
dein Stock und dein Stab
geben mir Zuversicht.
Du deckst mir den Tisch
vor den Augen meiner Feinde.
Du salbst mein Haupt mit Öl,
du füllst mir reichlich den Becher.

Lauter Güte und Huld
werden mir folgen
mein Leben lang
und im Haus des Herrn
darf ich wohnen für lange Zeit.

Aus Psalm 23

*

Herr, segne mich!

Herr, sei *vor* mir,
um mir den rechten Weg zu zeigen!

Herr, sei *neben* mir,
um mich in die Arme zu schließen
und mich zu schützen
gegen Gefahren von links und rechts!

Herr, sei *hinter* mir,
um mich zu bewahren
vor der Heimtücke böser Menschen!

Herr, sei *unter* mir,
um mich aufzufangen, wenn ich falle,
und mich aus der Schlinge zu ziehen!

Herr, sei *in* mir,
um mich zu trösten,
wenn ich traurig bin!

Herr, sei *um* mich *herum*,
um mich zu verteidigen,
wenn andere über mich herfallen!

Herr, sei *über* mir,
um mich zu segnen! Amen.

Altchristliches Segensgebet (4.Jahrhundert)

*

Gib mir ein festes Herz!

Gib mir, o Herr, ein festes Herz,
das keine unwürdige Leidenschaft
niederzieht;
gib mir ein unüberwindliches Herz,
das keine Trübsal niederbeugt;
gib mir ein aufrechtes Herz,
das kein niedriges Streben
auf Abwege bringen kann!

Erfülle mich auch, o Herr, mein Gott,
mit Verstand,

dich zu finden, mit einer Treue,
dass ich am Ende dich umarmen darf!

Thomas von Aquin

*

Um einen starken Glauben

Himmlischer Vater!
Du kennst alle meine Gedanken,
und nichts, was mich bewegt,
ist dir verborgen.
Ich bitte dich:
Schenke mir einen starken Glauben –
einen Glauben, der mein Herz
überströmen lässt und mich
unwiderstehlich zu dir hindrängt!
Aus eigener Kraft
kann ich dich nicht erreichen
und nicht zu solchem Glauben gelangen.
Darum will ich für dich
aufgeschlossen sein
und in Geduld auf deine Gnade
und Liebe warten.
Bitte, hilf mir dabei! Amen.

Reinhard Abeln

*

Behalte mich in deiner Liebe!

Behalte mich in deiner Liebe,
so wie du willst, dass andere bleiben
in der meinen.
Möchte sich alles in diesem
meinem Wesen
zu deiner Ehre wenden,
und möchte ich nie verzweifeln.
Denn ich bin unter deiner Hand,
und alle Kraft und Güte sind in dir.
Gib mir einen reinen Sinn –
dass ich dich erblicke,
einen demütigen Sinn –
dass ich dich höre,
einen liebenden Sinn –
dass ich dir diene,
einen gläubigen Sinn –
dass ich in dir bleibe.

Dag Hammarskjöld

*

Herr, du kennst meinen Weg

Herr, du kennst meinen Weg,
den Weg, der hinter mir liegt,
und den, der vor mir liegt.
Du begleitest mich jeden Augenblick.
Du bist immer für mich da.

Weil du mich führst,
kann ich versuchen,
mich selbst zu führen,
dass meine Augen und Ohren
unterscheiden lernen,
dass meine Hände anderen
helfen lernen,
dass mein Denken das Richtige findet,
dass mein Herz das Rechte
entscheiden lernt.

Weil du mich führst,
will ich meinen Weg versuchen.

Charles de Foucauld

*

Du bist heilig

Du bist heilig, Herr, unser Gott.
Du bist der alleinige Gott,
der Eine, der Wundertaten vollbringt.
Du bist der Starke, Du bist der Große,
Du bist der Höchste,
Du bist allmächtig, Du bist heilig,
der Vater und König des Himmels und der Erde.
Du bist der Dreifaltige und der Eine, Gott der Herr.
Du bist der Gute, das höchste Gut,
der lebendige und wahre Gott.
Du bist die Güte, die Liebe, Du bist die Weisheit,
Du bist die Demut, Du bist die Geduld.
Du bist die Geborgenheit, die Ruhe,
die Fröhlichkeit und die Freude.
Du bist die Gerechtigkeit und das Maß.
Du bist aller Reichtum.
Du bist die Milde, Du bist unsere Zuflucht
und Stärke,
Du unser Glaube, unsere Hoffnung und unsere
Liebe,
unsere große Glückseligkeit.
Du bist die unendliche Güte,
großer und wunderbarer Herr,
Gott, allmächtig, liebreich, erbarmend
und heilbringend.

Franz von Assisi

*

Du Herr und Lenker meiner Tage

Mein Vater, der mich nährt und schützt,
ich weiß so wenig, was mir nützt,
dass ich fast nichts zu bitten wage.
Ich halte mich allein an dich,
du Herr und Lenker meiner Tage.

Nur diese Wahrheit seh ich ein,
gib mir die Kraft, stets gut zu sein,
so bin ich überall geborgen!
Das andre kommt, so wie mir’s frommt,
dafür wirst du, mein Vater, sorgen.

Johann Gottfried Seume

*

Gebet um Humor

Herr,
schenke mir Gesundheit des Leibes
mit dem nötigen Sinn dafür,
ihn möglichst gut zu erhalten!

Schenke mir eine heilige Seele,
die im Auge behält,
was gut und rein ist,
damit sie sich
nicht einschränken lässt
vom Bösen,

sondern Mittel findet,
die Dinge in Ordnung zu bringen.

Schenke mir eine Seele,
der die Langeweile fremd ist,
die kein Murren kennt
und kein Seufzen und Klagen,
und lasse nicht zu,
dass ich mir allzu viel Sorgen mache
um dieses sich breitmachende Etwas,
das sich „Ich“ nennt.

Schenke mir Sinn für Humor!
Gib mir die Gnade,
einen Scherz zu verstehen,
damit ich ein wenig
Glück kenne im Leben
und anderen davon mitteile!

Thomas Morus

*

Ich will dich loben

Ich will dich loben, Gott,
solange ich lebe,
ich will dir singen, solange ich da bin.
Du hast Himmel und Erde gemacht,
das Meer und alle Geschöpfe.
Du hilfst den Unterdrückten

und gibst den Hungrigen Brot.
Ehre sei dem Vater und dem Sohn
und dem Heiligen Geist,
wie im Anfang, so auch jetzt
und allezeit und in Ewigkeit!

Nach Psalm 146

*

Ich bringe dir mein Herz

Herr,
ich weiß nicht, um was ich bitten soll.
Nur du weißt, was ich brauche.
Du liebst mich besser,
als ich mich selbst zu lieben weiß.

Vater, gib deinem Kind,
wovon es selbst nicht weiß,
wie es dich darum bitten soll.
Ich wage nicht zu bitten.
Ich bringe einfach mein Herz dir dar
und öffne es für dich.

Sieh an meine Not,
die ich selbst nicht kenne;
sieh her und sorge für mich
in deiner Güte!

François Fénelon

*

Herr, hilf meinem Unglauben!

Herr, ich glaube,
aber hilf meinem Unglauben!
Ich versuche zu glauben,
dass du uns bedingungslos liebst,
dass du gibst,
auch wenn du nimmst,
dass du größer bist als unser Herz,
dass unser Leben ein
ständiges Treppensteigen ist,
dass wir in „Zelten“ wohnen
und dauernd Abschied nehmen müssen,
dass du uns forderst,
um uns zu fördern,
dass du der Friede bist,
der nicht befriedigt,
aber befriedet,
dass du dich um die kleinste
Kleinigkeit kümmerst,
dass du zu mir Ja sagst
und dass ich – trotz allem
und nach allem –
deine große Liebe bin.

Reinhard Abeln

*

Sei bei mir!

Wie du am Anfang warst,
als die gute Welt entstand,
so sei mir huldvoll jeden Tag!

Wie du am Anfang warst,
als mein Weg begann,
so sei bei mir jede Meile!

Wie du am Anfang warst,
als du meine Seele formtest,
so halte mich in deinen Händen
bis ans Ende!

Aus Irland

*

Ich sage Dank

Guter und großer Gott,
ich sage dir von Herzen Dank.
Danke für den Spaziergang,
den ich gemacht habe,
für die Bäume und Blumen,
die mein Herz erfreut haben,
für alles, was ich gesehen
und gehört habe!
Danke für das Essen,

das mich gestärkt hat,
für die Getränke,
die meinen Durst gestillt haben!
Danke für das Dach,
das mich schützt,
für das Licht,
das mir leuchtet!

Danke für den „Guten Tag“,
den mir einer gewünscht hat,
für das Lächeln,
das mir unterwegs geschenkt wurde!
Danke für die Zeit,
die du mir gibst, Herr,
für das Leben,
das mir vergönnt ist,
für die Gnade, die du mir schenkst!
Danke, dass du mich hörst,
dass du mich ernst nimmst,
dass ich mich dir anvertrauen darf!
Danke, guter und großer Gott!

Reinhard Abeln

*

Ich überlasse mich dir

Mein Vater,
ich überlasse mich dir;
mach mit mir,
was dir gefällt!
Was du auch mit mir tun magst,
ich danke dir.
Zu allem bin ich bereit,
alles nehme ich an.
Wenn nur dein Wille
sich an mir erfüllt
und an allen deinen Geschöpfen,
so ersehne ich weiter nichts,
mein Gott.

Charles de Foucauld

*

Herr, mach mich zu einem Werkzeug deines Friedens!

Herr, mach mich zu einem Werkzeug
deines Friedens,
dass ich liebe, wo man hasst;
dass ich verzeihe, wo man beleidigt;
dass ich verbinde, wo Streit ist;
dass ich die Wahrheit sage,
wo Irrtum ist;

dass ich Glauben bringe,
wo Zweifel droht;
dass ich Hoffnung wecke,
wo Verzweiflung quält;
dass ich Licht entzünde,
wo Finsternis regiert;
dass ich Freude bringe,
wo der Kummer wohnt.

Herr, lass mich trachten,
nicht, dass ich getröstet werde,
sondern dass ich tröste;
nicht, dass ich verstanden werde,
sondern dass ich verstehe;
nicht, dass ich geliebt werde,
sondern dass ich liebe.

Denn wer sich hingibt, der empfängt;
wer sich selbst vergisst, der findet;
wer verzeiht, dem wird verziehen;
und wer stirbt, der erwacht
zum ewigen Leben.

Frankreich (1913)

*

Wo ich stehe, wo ich gehe

Wo ich stehe, wo ich gehe,
bist du, lieber Gott, bei mir.
Wenn ich dich auch niemals sehe,
weiß ich sicher, du bist hier.

Überliefert

*

Darum bitte ich dich, Herr

Herr,
gib mir den Mut, das zu ändern,
was ich ändern kann;
gib mir die Bereitschaft,
das zu tragen,
was ich nicht ändern kann!
Gib mir die Weisheit,
zwischen beiden unterscheiden
zu können!

Gebet aus dem Mittelalter

*

Du bist mein Freund, Herr

Das sage ich mir jeden Tag:
Du bist mein Freund.
Das sage ich mir,
wenn ich durch das Dunkel gehe:
Du bist mein Freund.
Das sage ich mir,
wenn die Sonne brennt:
Du bist mein Freund.
Das sage ich mir,
wenn ich froh und glücklich bin:
Du bist mein Freund.
Das sage ich mir,
wenn ich elend und krank bin:
Du bist mein Freund.
Das sage ich mir heute, morgen, übermorgen:
Du bist mein Freund.

Überliefert

*

Ich will dich preisen

Ich will dich preisen, Herr,
Tag für Tag.
Ich will mich freuen über alles,
was du für mich getan hast.

Nach Psalm 34

*

Ich bete dich an

O Gott, ich bete dich an:
Du Weisheit, die mich erdacht,
du Wille, der mich gewollt,
du Macht, die mich geschaffen,
du Gnade, die mich erhoben,
du Stimme, die mich ruft,
du Wort, das zu mir spricht,
du Güte, die mich beschenkt,
du Vorsehung, die mich leitet,
du Barmherzigkeit, die mir vergibt,
du Liebe, die mich umfängt,
du Geist, der mich belebt,
du Ruhe, die mich erfüllt,
du Heiligkeit, die mich wandelt,
dass ich nimmer ruhe, bis ich dich schaue:
O Gott, ich bete dich an.

Überliefert

*

Sei du mir Geborgenheit!

Im Namen des Vaters und des Sohnes
und des Heiligen Geistes.
Ich gebe mich in die Macht des Vaters,
in die Weisheit des Sohnes,
in die Güte des Heiligen Geistes.
Ich schenke mich dir, Gott,
auch für den heutigen Tag.
Sei du mir Geborgenheit und Schutz,
denn dein Sohn hat unser aller Kreuz
getragen.

Nach einer alten Straßburger Handschrift

*

Da bin ich

Mein Herr und mein Gott,
nimm alles von mir,
was mich hindert zu dir!

Mein Herr und mein Gott,
gib alles mir,
was mich fördert zu dir!

Mein Herr und mein Gott,
nimm mich mir
und gib mich ganz zu eigen dir!

Nikolaus von Flüe

*

Du Gott der Liebe

Guter Gott,
wie kann man von der Liebe recht reden,
wenn man dich vergisst,
du Gott der Liebe,
von dem alle Liebe ist
im Himmel und auf Erden!
Wie kann man von der Liebe recht reden,
wenn man dich vergisst,
unseren Heiland und Versöhner,
der sich hingab, um alle zu erlösen!
Wie kann man von der Liebe recht reden,
wenn man dich vergisst,
du Geist der Liebe,
der den Glaubenden erinnert zu lieben,
wie er geliebt ist,
und seinen Nächsten wie sich selbst!
Ewige Liebe,
du bist überall gegenwärtig,
wo wir einander recht lieben
und einander glücklich machen!

Søren Kierkegaard

*

Herr, gib uns Augen!

Herr, gib uns Augen,
die den Nachbarn seh'n,
Ohren, die ihn hören
und ihn auch versteh'n!

Hände, die es lernen,
wie man hilft und heilt,
Füße, die nicht zögern,
wenn die Hilfe eilt.

Herzen, die sich freuen,
wenn ein anderer lacht,
einen Mund zu reden,
was ihn glücklich macht.

Dank für alle Gaben,
hilf uns wachsam sein!
Zeig uns, Herr,
wir haben nichts für uns allein.

Gebet aus Neuseeland

*

Für andere da sein

Jesus, du hast keine Hände –
nur meine Hände,
um heute etwas zu tun.
Du hast keine Füße –
nur meine Füße,
um zu jemand hinzugehen.
Du hast keine Lippen –
nur meine Lippen,
um den Menschen etwas zu sagen.
Du hast keine Hilfe –
nur meine Hilfe,
um auf die Seite
eines Hilflosen zu treten.
Bitte zeig mir,
was ich tun kann,
um für andere Menschen da zu sein!
Amen.

Nach einem Gebet aus Irland

*

Jesus, tu auf mein Herz!

Jesus, mein Bruder,
erbarm dich meiner!

Mach hell meine Augen,
dass ich Sinn und Ziel
meines Lebens finde!

Mach fest meine Schritte,
dass ich den Weg
mit dir gehen kann!

Öffne meinen Mund,
dass ich die gute Nachricht
weitersage!

Tu auf mein Herz,
dass du in mir bist!

Lass mich dir dienen
in den Mitmenschen,
weil du die Liebe bist!

Überliefert

*

Kurzgebete

Alles, was atmet, lobe den Herrn!

*

Jubelt dem Herrn alle Lande!

*

Herr, lass mich dein Lob verkünden!

*

Preiset den Herrn zu aller Zeit,
denn er ist gut!

*

Dem König der Zeiten,
dem unvergänglichen, unsichtbaren,
einen Gott,
sei Ehre und Lobpreis in allen Ewigkeiten!

*

Gebete am Abend

Schenk mir einen guten Schlaf!

Großer und guter Gott!
In dieser Abendstunde
komme ich in Dankbarkeit zu dir.
Du hast mich sicher
durch den heutigen Tag geleitet.
Deine gütige Vorsehung ließ mich
nicht ohne Hilfe und Beistand.
Für alles Gute,
das ich empfangen durfte,
danke ich dir.
Die kommende Nacht lege ich
in deine schützende Vaterhände.

Schenke mir einen guten Schlaf,
damit ich dir morgen
neu gestärkt dienen kann!
Aber auch dann,
wenn ich nicht oder nur wenig
schlafen sollte,
behüte und beschütze mich!
Steh mir bei in dieser Nacht! Amen.

Reinhard Abeln

*

Ich lobe dich, Herr

Ich lobe, Herr, dich vor der Nacht.
Du hast mich heute reich gemacht
und Freude mir geschenkt.
Und deine Hand war über mir.
So danke ich, o Vater, dir,
der alle Schritte lenkt.

Überliefert

*

Deine Hand war über mir

Herr, mein Gott,
ich danke dir,
dass du diesen Tag zu Ende gebracht hast;
ich danke dir,
dass du Leib und Seele
zur Ruhe kommen lässt.
Deine Hand war über mir
und hat mich behütet und bewahrt.
Vergib allen Kleinglauben
und alles Unrecht dieses Tages
und hilf, dass ich gern denen vergebe,
die mir Unrecht getan haben.
Lass mich in Frieden
unter deinem Schutze schlafen
und bewahre mich
vor den Anfechtungen der Finsternis.

Ich befehle dir die Meinen,
ich befehle dir dieses Haus,
ich befehle dir meinen Leib
und meine Seele.
Gott, dein heiliger Name sei gelobt. Amen.

Dietrich Bonhoeffer

*

Behüte, die auf dich vertraun!

Gott, dessen Wort die Welt erschuf
und dessen Wille sie erhält:
Du hüllst den Tag in holdes Licht,
in gnäd'gen Schlaf die dunkle Nacht.

Dich träume unser tiefstes Herz,
wenn uns die Ruhe nun umfängt.
Der Schlaf erquicke unsern Leib
und rüste ihn mit neuer Kraft.

Dir sei der Lobpreis dargebracht,
Gott Vater, Sohn und Heil'ger Geist.
Dreiein'ge Macht, die alles lenkt,
behüte, die auf dich vertraun. Amen.

Überliefert

*

Dein ist das Dunkel der Nacht

Herr, du hast uns geschaffen,
und unser Herz ist unruhig,
bis es Ruhe findet in dir.

Dein ist das Licht des Tages.
Dein ist das Dunkel der Nacht.
Das Leben ist dein und der Tod.
Ich selbst bin dein und bete dich an.

Lass mich ruhen in Frieden,
segne den kommenden Tag
und lass mich erwachen,
dich zu rühmen! Amen.

Aurelius Augustinus

*

Gib uns Tag für Tag mehr Liebe!

Haben wir diesen Tag gelebt, Herr,
wie es dir gefällt?
Sind wir geduldig,
schlicht und liebevoll gewesen?
Haben wir Zeit gehabt für jene,
die zu uns kamen?
Haben wir geantwortet,
wenn sie fragten?

Haben wir ihre Trauer getröstet?
Haben wir sie ermuntert,
bis sie froh wurden?
Haben wir mit ihnen
in ihrem Leid gebetet?
Haben wir ihnen Brot gegeben
und auch Blumen?
Sind wir ihnen als Bruder,
als Schwester begegnet?
War das nicht so, dann verzeihe uns!
War es aber so,
dann war es nicht genug.
Gib uns Tag für Tag mehr Liebe, Herr,
bis zum großen Licht
deiner Unendlichkeit!

Charles de Foucauld

*

Ich danke dir, mein himmlischer Vater

Ich danke dir, mein himmlischer Vater,
durch Jesus Christus,
deinen lieben Sohn,
dass du mich diesen Tag
gnädiglich behütet hast,
und bitte dich,
du wollest mir vergeben
alle meine Sünde,

wo ich Unrecht getan habe,
und mich diese Nacht auch
gnädiglich behüten.
Denn ich befehle mich,
meinen Leib und Seele
und alles in deine Hände.
Dein heiliger Engel sei mit mir,
dass der böse Feind keine Macht
an mir finde!

Martin Luther

*

Wir danken dir, Herr

Wir danken dir, Herr,
der du uns den Tag über bewahrt hast.
Wir danken dir,
der du uns die Nacht hindurch
bewahren willst.
Wir bitten dich, Herr,
bringe uns in Heil und Frieden
zu dem Morgen eines andern Tages,
damit du unser Lob
zu allen Zeiten empfangen mögest!
Wache mit denen,
die in dieser Nacht wachen und weinen,
und gebiete deinen Engeln die Wacht
über die, die da schlafen!

Nimm die Kranken in deine Obhut,
o Herr Christus!
Bringe die Müden zur Ruhe!
Segne die Sterbenden!
Schenke Linderung den Leidenden!
Erbarme dich der Angefochtenen!
Schirme die Fröhlichen
und uns alle um deiner Liebe willen!

Johann Michael Sailer

*

Dein ist das Dunkel der Nacht

Herr, du hast uns geschaffen,
und unser Herz ist unruhig,
bis es Ruhe findet in dir.

Dein ist das Licht des Tages.
Dein ist das Dunkel der Nacht.
Das Leben ist dein und der Tod.
Ich selbst bin dein und bete dich an.

Lass mich ruhen in Frieden,
segne den kommenden Tag
und lass mich erwachen,
dich zu rühmen! Amen.

Aurelius Augustinus

*

Der Tag nimmt ab

Der Tag nimmt ab.
Ach schönste Zier,
Herr Jesu Christ,
bleib du bei mir;
es will nun Abend werden.
Lass doch dein Licht
auslöschen nicht
bei uns allhier auf Erden.

Aus Königsberg (1597)

*

Bleibe bei uns, Herr!

Bleibe bei uns, Herr;
denn es will Abend werden,
und der Tag hat sich geneigt.

Bleibe bei uns
und bei deiner ganzen Kirche!

Bleibe bei uns am Abend des Tages,
am Abend des Lebens,
am Abend der Welt!

Bleibe bei uns mit deiner Gnade
und Güte,

mit deinem heiligen Wort
und Sakrament,
mit deinem Trost und Segen!

Bleibe bei uns,
wenn über uns kommt
die Nacht der Trübsal und Angst,
die Nacht des Zweifels
und der Anfechtung,
die Nacht des bitteren Todes!

Bleibe bei uns
und bei allen deinen Gläubigen
in Zeit und Ewigkeit!

Kirchliches Abendgebet
Gotteslob (1975) 18,7

*

Schließ mir dein Herz nicht zu!

O Gott, schließ mir dein Herz nicht zu,
bei dir allein ist wahre Ruh'!
Lass nie mich von der Gnade dein;
von deiner Lieb' geschieden sein! Amen.

Überliefert

*

Bleib bei uns, Herr!

Wir bitten, Christus, bleib bei uns,
denn es will Abend werden.
Du bist das Licht, das nie erlischt,
bei dir sind wir geborgen.

Schließ alle müden Augen zu,
lass uns im Frieden schlafen,
dass wir, mit neuer Kraft erfüllt,
zu deinem Dienst erwachen.

Lob sei dem Vater und dem Sohn,
Lob sei dem Heil'gen Geiste.
Wie es von allem Anfang war,
jetzt und für alle Zeiten.

Kirchliches Abendgebet

*

Bevor ich mich zur Ruh begeb

Bevor ich mich zur Ruh begeb,
ich Händ und Herz zu Gott erheb
und sage Dank für jede Gab,
die ich von ihm empfangen hab.

Und hab ich heut beleidigt dich,
verzeih mir's Gott, ich bitte dich!

Dann schließ ich froh die Augen zu,
es wacht ein Engel, wenn ich ruh.

Maria, liebste Mutter mein,
o lass mich dir empfohlen sein!

Und du, mein Heiland Jesus Christ,
der du mein Gott und alles bist,
in deine Wunden schließ mich ein,
sie sollen meine Ruhstatt sein! Amen.

Überliefert

*

Dein ist der Tag und die Nacht

Dein ist der Tag und dein ist die Nacht,
lass leuchten das Licht
deiner Wahrheit!
Vieles war heute gut,
schön und wertvoll ...;
ich danke dir dafür.
Anderes war halb, nutzlos und böse ...;
verzeih mir!
Du kennst mich, du liebst mich.
Dir vertraue ich.
Sei bei mir in der Ruhe der Nacht
und lass mich morgen
gesund erwachen!

Überliefert

*

Lass mich in dir geborgen sein!

Guter Gott,
ich danke dir für diesen Tag,
für alles Gute,
das ich mit deiner Hilfe getan habe.
Ich bitte um Verzeihung für die Schuld,
die ich auf mich geladen habe.
Lass mich in dir geborgen sein!

Franz von Sales

*

Du bist mein Vater

Gott, du hast mich den Tag
in Frieden erleben lassen,
lass mich auch die Nacht
in Frieden verbringen;
Herr, der du keinen Herrn
über dir hast!
Es gibt keine Stärke,
außer in dir:
Du allein hast keinerlei Verpflichtung.
In deiner Hand
verbrachte ich den Tag;
in deiner Hand
verbringe ich die Nacht.
Nun werde ich schlafen
unter deinen Händen.
Du bist mein Vater.

Abendgebet der Galla (Ostafrika)

Schütze und segne alles!

Lieber Gott,
schütze und segne alles,
was Odem hat!
Bewahre es vor allem Übel
und lass es ruhig schlafen! Amen.

Albert Schweitzer

*

Danke für alle Wohltaten!

Vater,
mit dankbarem und demütigem Herzen
erscheine ich wieder vor dir
am Schlusse dieses Tages.
Danken möchte ich dir für alle Wohltaten,
die ich von deiner Huld
empfangen habe.
Deinem Segen verdanke ich
alle gute Arbeit
und allen Erfolg dieses Tages.
Jede Gelegenheit, Gutes zu tun,
jeder Antrieb zum Rechten,
jeder Sieg über mich selbst,
jeder Gedanke an deine Allgegenwart,
Vater,
jeder Blick auf das Beispiel

und die Liebe deines Sohnes,
meines Herrn Jesus Christus –
alles ist deine Gabe.

Johann Michael Sailer

*

... und lass uns ruhig schlafen!

Gott, lass dein Heil uns schauen,
auf nichts Vergänglichs trauen,
nicht Eitelkeit uns freun!
Lass uns einfältig werden
und vor dir hier auf Erden
wie Kinder fromm und fröhlich sein!

So legt euch denn, ihr Brüder,
in Gottes Namen nieder;
kalt ist der Abendhauch.
Verschon uns, Gott, mit Strafen
und lass uns ruhig schlafen
und unsern kranken Nachbarn auch!

Matthias Claudius

*

Für alle, die es schwer haben

Wache du, Herr, mit denen,
die wachen oder weinen in dieser Nacht!
Hüte deine Kranken!
Lass deine Müden ruhen!
Segne deine Sterbenden!
Tröste deine Leidenden!
Erbarme dich deiner Betrübten
und sei mit deinen Fröhlichen!

Aurelius Augustinus

*

Bevor des Tages Licht vergeht

Bevor des Tages Licht vergeht,
o Herr der Welt, hör dies Gebet:
Behüte uns in dieser Nacht
durch deine große Güt' und Macht!

Hüllt Schlaf die müden Glieder ein,
lass uns in dir geborgen sein
und mach am Morgen uns bereit
zum Lobe deiner Herrlichkeit!

Dank dir, o Vater, reich an Macht,
der über uns voll Güte wacht
und mit dem Sohn und Heil'gen Geist
des Lebens Fülle uns verheißt!

Überliefert

Gib mir deinen Frieden!

Deinen Frieden, Herr,
gib mir vom Himmel
und dein Friede bleibe
in meinem Herzen!
Lass mich schlafen in Frieden
und wachen in dir,
auf dass ich vor keinem Grauen
der Nacht mich fürchte!

Nach Alkuin

*

Schenk uns deine Gegenwart!

Wir bitten dich, gütiger Vater,
schenk uns in dieser Nacht
das Licht deiner Gegenwart!
Lass uns, deine Diener,
in Frieden schlafen
und wecke uns morgen
in deinem Namen,
damit wir gesund und froh
einen neuen, von deinem Licht
erfüllten Tag beginnen!

Kirchliches Abendgebet

*

In schlafloser Nacht

Es ist still um mich.
Alles liegt in tiefem Schlaf.
In meinen schlaflosen Stunden
bist du bei mir, guter Gott.
Du siehst in der Stille der Nacht
meine ganze Not
und hörst meine Klage.
Nein, du vergisst die nicht,
die nach dir verlangen.
Du schenkst ihnen in deiner
unendlichen Güte das,
was sie brauchen.
Bleibe bei mir in dieser Nacht!
Amen.

Reinhard Abeln

*

Kurzgebete

Es segne und behüte mich
der allmächtige und barmherzige Gott,
der Vater, der Sohn
und der Heilige Geist!

*

Eine ruhige Nacht und ein gutes Ende
gewähre uns der allmächtige Herr.
Amen.

Gebete in Not – Sorge – Leid

Halte mich fest!

Guter Vater im Himmel!
Oft sehe ich keinen Ausweg mehr.
Resignation und Schwermut
überfallen mich.
Ich bin dann ganz traurig
und stehe ratlos da.
Mir erscheint alles so sinnlos
und vergeblich.
Ich bitte dich:
Sei du immer in meiner Nähe!
An jedem Tag, in jeder Stunde,
in jeder Sekunde!
Halte mich fest, wenn mich Zweifel
und Angst erdrücken wollen!
Du bist stärker als alles,
was mich bedrängen mag.
Bleibe immer bei mir! Amen.

Reinhard Abeln

*

Du weißt den Weg für mich

(....)

In mir ist es finster,
aber bei dir ist Licht.
Ich bin einsam,
aber du verlässt mich nicht.
Ich bin kleinmütig,
aber bei dir ist die Hilfe.
Ich bin unruhig,
aber bei dir ist Frieden.
In mir ist Bitterkeit,
aber bei dir ist die Geduld.
Ich verstehe deine Wege nicht,
aber du weißt (den) rechten Weg
für mich.

(....)

Dietrich Bonhoeffer

*

Ich will mein Kreuz auf mich nehmen

Jesus, Heiland der Welt,
wende mein Herz hin zu dir!
Stärke mich, mein Kreuz
auf mich zu nehmen
und dir nachzufolgen!

Ich bete dich an,
Herr Jesus Christus,
und preise dich,
denn durch dein Kreuz
hast du die Welt erlöst.

Franz von Assisi

*

Ich komme zu dir

Herr, du willst, dass ich bete
und zu dir komme.
So will ich kommen und beten,
ich habe genug vorzubringen.
Vor allem anderen bitte ich dich,
nimm meine Sünde von mir,
die auf mir liegt und mich niederdrückt;
sie hindert mich, zu dir zu kommen.
Nimm sie von mir und vergib mir! Amen.

Martin Luther

*

Der Herr behüte mich

Ich hebe meine Augen auf
zu den Bergen:
Woher kommt mir Hilfe?
Meine Hilfe kommt vom Herrn,
der Himmel und Erde gemacht hat.

Er lässt meinen Fuß nicht wanken;
er, der mich behütet, schläft nicht …

Der Herr ist mein Hüter,
der Herr gibt mir Schatten;
er steht mir zur Seite.
Bei Tag wird mir die Sonne
nicht schaden
noch der Mond in der Nacht.

Der Herr behüte mich vor allem Bösen,
er behüte mein Leben.
Der Herr behüte mich,
wenn ich fortgehe und wiederkomme,
von nun an bis in Ewigkeit.

Nach Psalm 121,1-3.5-8

*

In deine Hände ...

Guter Vater, in deine Hände
lege ich meinen Geist,
meinen kranken Körper,
meine aufgewühlte Seele,
mein ganzes Leben.
Gib mir die Kraft, das auszuhalten,
was du mir schickst!
Nimm von mir das Kreuz,
von dem ich glaube,
es nicht tragen zu können!
Lass mich jeden Tag
deine heilende Nähe erfahren!
Segne und beschütze mich! Amen.

Reinhard Abeln

*

Wenn wir Angst haben

Herr, unser Gott!
Wenn wir Angst haben,
dann lass uns nicht verzweifeln!
Wenn wir enttäuscht sind,
dann lass uns nicht bitter werden!
Wenn wir gefallen sind,
dann lass uns nicht liegen bleiben!
Wenn es mit unserem Verstehen

und unseren Kräften zu Ende ist,
dann lass uns nicht umkommen!
Nein, dann lass uns deine Nähe
und deine Liebe spüren!

Karl Barth

*

Ich habe nur Scherben in der Hand

Herr,
ich habe nur Scherben in der Hand.
Sie sind Zeichen für meine
Unzulänglichkeit,
Zeichen auch für alle
zerstörenden Kräfte
in mir und um mich.
Ich kann so wenig heilen
und gutmachen.
Umso mehr danke ich dir,
dass du mich trotzdem liebst.
Du kannst aus meinen Scherben
ein Ganzes und Vollkommenes machen.
Gott, mein Heil,
führe zu einem guten Ende
meine Anfänge,
all meine Teilerfolge und Misserfolge!
Amen.

Reinhard Abeln

*

Herr, hilf deinem Knecht!

Wende dein Ohr mir zu,
erhöre mich, Herr!
Denn ich bin arm und gebeugt.
Beschütze mich,
denn ich bin dir ergeben!
Hilf deinem Knecht, der dir vertraut!
Du bist mein Gott.
Sei mir gnädig, o Herr!
Den ganzen Tag rufe ich zu dir.
Herr, erfreue deinen Knecht;
denn ich erhebe meine Seele zu dir.

Psalm 86,1–4

*

O Gott, du willst uns nahe sein

O Gott, du willst uns nahe sein
und uns von aller Angst befrein.
Lass uns erkennen deine Huld
und nimm uns an trotz aller Schuld.

Wir glauben, dass du mit uns bist
und keinen Menschen je vergisst.
Senk deine Liebe in uns ein,
lass uns einander Hilfe sein!

In allem Dunkel bist du Licht.
Wer dir vertraut, verirrt sich nicht.
Du bist uns Wahrheit, Weg und Kraft.
Du bist es, der uns Leben schafft.

Überliefert

*

Ich rufe zu dir

Herr, rette mich!
Ich suche dich,
aber ich finde dich nicht.

Ich rufe zu dir,
aber ich höre dich nicht.
Hab Erbarmen und rette mich!

Ich bin schwach.
Lass nicht zu,
dass ich falle!
Sei bei mir und stärke mich!
Amen.

Reinhard Abeln

*

Hast du mich vergessen?

Herr, hast du mich
für immer vergessen?
Wie lange willst du dich
denn noch verbergen?

Wie lange sollen mich
die Sorgen quälen,
der Kummer Tag für Tag
an meinem Herzen nagen?

Wie lange dürfen mich die Feinde
noch bedrängen?

Sieh mich doch wieder an, Herr!
Gib mir doch Antwort, du mein Gott!

Mach es wieder hell vor meinen Augen,
damit ich nicht in Todesnacht
versinke!

Psalm 13,2–4

*

Du bist meine Hilfe

Lieber Herr,
ich weiß keine andere Hilfe als bei dir.
Darum hilf!
Du hast Ja gesagt und befohlen,
dass wir bitten, suchen
und anklopfen sollen,
dann würden wir auch ganz gewiss
empfangen, finden und haben,
was wir begehren.

Martin Luther

*

Was wird aus mir?

Guter Gott,
wie soll es weitergehen?
Was wird aus mir?
Wird alles wieder gut?
Alles um mich ist grau und dunkel.

Ich habe Angst.
Wie dein Sohn bitte ich dich:
Nimm von mir das Leid!
Lass den Kelch an mir vorübergehen,
aber nicht mein, sondern dein Wille
soll geschehen (Lk 22,42).

Du bist mein Gott, mein guter Vater.
Hab mich jetzt besonders lieb! Amen.

Reinhard Abeln

*

Du, Herr, bist mein Begleiter

In den Tagen der Angst
und Einsamkeit,
bei schwierigen Übergängen
und in Bedrängnis
gibst du, Herr, mir Stärke.

Im Kampf für Wahrheit
und Gerechtigkeit,
im Einsatz und in der Enttäuschung
machst du, Herr, mich gewiss.

Wenn ich traurig bin
oder wenn ich lache,
bei den alltäglichen Dingen
und bei der Arbeit
bist du, Herr, mein Begleiter.

Immer bist du, Herr,
die Freude in meinem Leben
und der Friede auf meinem Weg.

Aus Brasilien

*

Ich bitte um ein Leuchten

Ich bitte nicht um Glück der Erden,
nur um ein Leuchten nun und dann,
dass sichtbar deine Hände werden,
ich deine Liebe ahnen kann;
nur in des Lebens Kümmernissen
um der Erhebung Gnadengruß,
dann wirst du schon am besten wissen,
wie viel ich tragen kann und muss.

Annette von Droste-Hülshoff

*

Herr, ich suche Zuflucht

Herr, ich suche Zuflucht bei dir.
Lass mich doch niemals scheitern!
Reiß mich heraus und rette mich
in deiner Gerechtigkeit,
wende dein Ohr mir zu und hilf mir!
Sei mir ein sicherer Hort,
zu dem ich allzeit kommen darf!
Herr, mein Gott,
du bist ja meine Zuversicht,
meine Hoffnung von Jugend auf.
Für viele bin ich ein Gezeichneter,
du aber bist meine starke Zuflucht.
Mein Mund ist erfüllt von deinem Lob,

von deinem Ruhm der ganze Tag.
Gott, du hast mich gelehrt
von Jugend auf, und noch heute
verkünde ich dein wunderbares Walten.
Auch wenn ich alt und grau bin,
o Gott, verlass mich nicht!
Du hast Großes vollbracht.
Mein Gott, wer ist wie du?
Du ließest mich viel Angst und Not
erfahren. Belebe mich neu!

Aus Psalm 71

*

Hilferuf des Propheten Jona

Aus meiner Not rief ich zum Herrn:
Und er erhörte mich.
Aus dem Schoß der Unterwelt
schrie ich um Hilfe:
Du hörtest meine Stimme.
Du warfst mich in die Tiefe,
mitten ins Meer,
und die Flut umschloss mich.
All deine Wogen und Wellen
brachen über mich herein.
Ich dachte: Verstoßen bin ich
aus deinen Augen.
Wie werde ich je wieder schauen
deinen heiligen Tempel?

Die Wasser gingen mir schon
bis nahe ans Leben,
die Tiefe umschloss mich.
Meertang umschlang mein Haupt.
Zu den Gründen der Berge
sank ich hinab.
Es schlossen die Riegel der Berge
ewig mich ein.
Da zogst du mein Leben empor
aus der Grube,
o Herr, du mein Gott!
Als meine Seele in mir verzagte,
gedachte ich des Herrn,
und mein Gebet drang zu dir
in deinen heiligen Tempel.
Die da nichtige Götter verehren,
verlassen den, der ihr Heil ist.
Ich aber will mit lautem Danken
dir Opfer bringen:
Was ich gelobt,
will ich erfüllen.
Beim Herrn ist Befreiung!

Aus dem Buch Jona 2,3–10.

*

Du bist da

Wie leicht ist es für mich,
mit dir zu leben, Herr!
An dich zu glauben,
wie leicht ist es für mich!
Wenn ich zweifelnd nicht mehr
weiterweiß
und meine Vernunft aufgibt,
wenn die klügsten Leute nicht
weitersehen
als bis zum heutigen Abend
und nicht wissen,
was man morgen tun muss –
dann sendest du mir
eine unumstößliche Gewissheit,
dass du da bist
und dafür sorgen wirst,
dass nicht alle Wege zum Guten
gesperrt werden.

Alexander Solschenizyn

*

Wenn du mir hilfst

Guter Gott,
mein Leid kann ich tragen,
wenn du mir hilfst.
Meine Schmerzen

kann ich annehmen,
wenn du mir hilfst.
Meinen Kummer
kann ich verscheuchen
wenn du mir hilfst.
Meine Angst kann ich überwinden,
wenn du mir hilfst …
Steh mir bei, guter Vater! Amen.

Reinhard Abeln

*

Vater, bleibe bei mir!

Vater im Himmel, du bist das Licht
in meiner Finsternis –
bleibe bei mir!

Du bist der Trost
in meinem Leiden –
bleibe bei mir!

Du bist die Kraft
in meiner Schwäche –
bleibe bei mir!

Du bist die Ruhe
in meiner Ruhelosigkeit –
bleibe bei mir!

Du bist die Macht
in meiner Ohnmacht –
bleibe bei mir!

Du bist das Erbarmen
in meiner Schuld –
bleibe bei mir!

Du bist der Halt
in meiner Angst –
bleibe bei mir!

Du bist die Hoffnung
in meinem Sterben –
bleibe bei mir!

Vater im Himmel,
bleibe bei mir!
Amen.

Reinhard Abeln

*

Lass mich nicht allein!

Guter Vater,
manchmal verlässt mich jeder Mut.
Manchmal sehe ich alles
rabenschwarz.
Manchmal steht mir das Wasser
bis zum Hals.
Manchmal stürzt die Welt
über mich herein.
Manchmal bin ich mit meinen
Kräften am Ende.
Manchmal ist alles aus.
Dann, Herr, bitte ich dich:
Lass mich nicht allein!
Lass mich von deiner Hand
getragen sein!
Lass mich wissen,
dass du mich liebst!

Reinhard Abeln

*

Ich bin gefangen

Herr, nicht nur verschlossene
und verriegelte Türen
halten mich gefangen,
sondern meine Vergangenheit und Schuld –
nicht nur Gitter und Mauern
halten mich gefangen,
sondern auch meine Probleme und Ängste.
Ich bin gefangen,
nicht nur in meiner Zelle,
sondern auch in mir selbst.
Ich bin selbst ein Gefängnis,
mein Gefängnis.
Nur du, Herr, weißt,
wie sehr ich mich danach sehne,
aus mir selbst auszubrechen,
frei zu werden
von meinen Ängsten und Problemen,
von meiner Vergangenheit und Schuld.
Herr, ich selbst
kann mich nicht befreien,
nur du kannst mich
von meinen Ketten lösen.

Gebet einer gefangenen Frau

*

Mein Helfer

Ich habe keinen anderen Helfer als dich,
keinen anderen Erlöser, keinen anderen
Halt.

Zu dir bete ich.
Nur du kannst mir helfen.

Die Not ist zu groß, in der ich jetzt stehe.
Die Verzweiflung packt mich an,
und ich weiß nicht mehr ein noch aus.
Ich bin ganz unten,
und ich komme allein nicht mehr hoch,
nicht heraus.

Wenn es dein Wille ist,
dann befreie mich aus dieser Not.
Lass mich wissen, dass du stärker bist
als alle Not und alle meine Feinde.

O Herr, wenn ich durchkomme,
dann lass doch diese Erfahrung
zu meinem und zum Heil meiner Brüder
beitragen.

Du verlässt mich nicht.
Ich weiß das.

Aus Afrika

*

Sende mir deinen Engel!

Ich danke dir, göttlicher Heiland,
dass du für meine Sünden
Todesangst gelitten
und Blut geschwitzt hast.
Ich bitte dich demütig,
verlass mich nicht
in der Stunde des Leidens und der Angst,
sondern sende mir
deinen heiligen Engel,
dass er mich stärke
und in dein himmlisches Reich führe!
Amen.

Überliefert

*

Aus der Tiefe

Beim Herrn ist Barmherzigkeit
und reiche Erlösung.

Aus der Tiefe rufe ich, Herr, zu dir:
Herr, höre meine Stimme!

Wende dein Ohr mir zu,
achte auf mein lautes Flehes!

Würdest du, Herr, unsere Sünden beachten,
Herr, wer könnte bestehen?

Doch bei dir ist Vergebung,
damit man in Ehrfurcht dir dient.

Ich hoffe auf den Herrn,
es hofft meine Seele,
ich warte voll Vertrauen auf sein Wort.

Meine Seele wartet auf den Herrn
mehr als die Wächter auf den Morgen.

Mehr als die Wächter auf den Morgen
soll Israel harren auf den Herrn!

Denn beim Herrn ist die Huld,
bei ihm ist Erlösung in Fülle.

Beim Herrn ist Barmherzigkeit
und reiche Erlösung.

Psalm 130

*

Hilf allen, die dich brauchen!

Guter Gott,
ich weiß, wir können nur leben,
wenn du uns hilfst.
Darum bitte ich dich für alle,
die deiner Hilfe bedürfen:
für die Kranken,
die Angst vor morgen haben,
für die Sterbenden,
denen kein Mensch helfen kann,
für die Behinderten,
die keinen Platz im Beruf finden,
für die Ausländer,
die verachtet und ausgenutzt werden,
für die Strafentlassenen,
denen es nicht gelingt,
ein neues Leben anzufangen!
Hilf allen, die dich brauchen!
Mach du alles gut! Amen.

Reinhard Abeln

*

Gebet zum Heiligen Geist

Komm herein!
In meine Verschlossenheiten –
Komm herein!

In meine Ängste – Komm herein!
In meine Sorgen – Komm herein!
In meine Kleingläubigkeit – Komm herein!
In meine geheime Hoffnungslosigkeit –
Komm herein!
In meine Lieblosigkeit – Komm herein!
In meine Unlauterkeit – Komm herein!
In mein Versagen – Komm herein!
In meine Leere – Komm herein!
In meine Finsternis – Komm herein!
In meine Abgründe – Komm herein!

Überliefert

*

Erleuchte mich, Herr!

Mein Herr Jesus Christus,
ich bitte dich, mich zu erleuchten
und die Finsternis
meines Geistes zu zerstreuen.
Gib mir einen festen Glauben,
eine starke Hoffnung,
eine vollkommene Liebe!
Vergönne mir,
dich so gut zu kennen,
dass ich in allem nach deiner Weisung
und in Übereinstimmung
mit deinem heiligen Willen handle!

Franz von Assisi

In der Nacht der Finsternisse

In der Nacht der Finsternisse
erwarten wir das Leuchten.

In der Nacht der Finsternisse
erwarten wir, was nicht auf Erden ist.

In der Nacht der Finsternisse
erwarten wir, was die Liebe übersteigt.

In der Nacht der Finsternisse
erwarten wir die unbekannte Schönheit.

In der Nacht der Finsternisse
erwarten wir das Erbarmen.

In der Nacht der Finsternisse
erwarten wir einen Vater,
um uns zu retten vom Bösen,
das der Mensch in sich trägt.

In der Nacht der Finsternisse
erwarten wir einen Gott.

Gebet einer französischen Dichterin

*

Gefährliche Wege

Herr, hilf, dass ich verstehe
die Wege im Dunkeln, die oftmals ich gehe;
so einsam und enge, so steil und so beschwerlich,
verwirrt und verborgen – und so oft gefährlich.
Und taste ich vorwärts mit bebenden Händen,
so frage ich bange: Wie werden sie enden?

Drum flehe ich herzlich: Lass mich doch erfahren
in aller Mühsal dein gnädig Bewahren!
Lass mich um verlorene Wünsche nicht klagen!
Verleihe mir Gnaden, die Lasten zu tragen!

Lass niemals mir schwinden das feste Vertrauen,
zuletzt einen herrlichen Ausgang zu schauen,
da alle Rätsel sich lichten und lösen,
weil alles zu meinem Heil gewesen.

Unbekannter Verfasser

*

Wenn es noch so bitter käm'

Wenn es noch so bitter käm'
und mir die Welt das Letzte nähm' –
ich glaub an dich!

Und wenn es noch einmal so schwer,
noch härter und noch banger wär' –
du trägst auch mich!

Drum bitt' ich dich:
Nimm nicht den Schmerz,
nimm nicht das Leid,
nimm nur die Angst,
das heiße Kleid,
und halte mich! Amen.

Nach Margarete Seemann

*

Nimm meine Hand in deine Hände!

In den Tiefen, die kein Trost erreicht,
lass doch deine Treue mich erreichen!
In den Nächten, wo der Glaube weicht,
lass nicht deine Gnade von mir weichen!

Auf dem Weg, den keiner mit mir geht,
wenn zum Beten die Gedanken schwinden,
wenn mich kalt die Finsternis umweht,
wollest du in meiner Not mich finden.

Wenn die Seele wie ein irres Licht
flackert zwischen Werden und Vergehen,
wenn es mir an Trost und Rat gebricht,
wollest du an meiner Seite stehen.

Wenn ich deine Hand nicht fassen kann,
nimm die meine du in deine Hände,
nimm dich meiner Seele gnädig an,
führe mich zu einem guten Ende!

Justus Delbrück (in sowjetischer Gefangenschaft nach 1945 gestorben)

*

Kurzgebete

O Gott, komm mir zur Hilfe!
Herr, eile mir zu helfen!

*

Mein Herr und mein Gott,
schau auf mich und sei mir gnädig!

*

Herr, du Gott meines Heils,
zu dir schreie ich am Tag und bei Nacht.
Lass mein Gebet zu dir dringen,
wende dein Ohr meinem Flehen zu!
(Psalm 88)

*

Mein Herr und mein Gott,
stärke mich in dieser Stunde!

*

Herr, ich kann alles,
wenn du mich stärkst.

*

Vater, nimm diesen Kelch von mir!
Aber nicht, was ich will,
sondern was du willst.

*

Heile mich, Herr, so bin ich heil;
hilf mir, so ist mir geholfen;
ja, mein Lobpreis bist du!

Gebete zur Mutter Gottes

Sei gegrüßt, o Königin!
(Salve Regina)

Sei gegrüßt, o Königin,
Mutter der Barmherzigkeit,
unser Leben, unsre Wonne
und unsre Hoffnung, sei gegrüßt!
Zu dir rufen wir
verbannte Kinder Evas;
zu dir seufzen wir
trauernd und weinend
in diesem Tal der Tränen.
Wohlan denn, unsre Fürsprecherin,
wende deine barmherzigen Augen
uns zu,
und nach diesem Elend zeige
uns Jesus,
die gebenedeite Frucht deines Leibes!
O gütige, o milde,
o süße Jungfrau Maria!

(Elend bedeutet Leben in der Fremde.)

Hermann der Lahme von Altshausen

*

O meine Gebieterin

O meine Gebieterin, o meine Mutter.
Dir bringe ich mich ganz dar,
und um dir meine Hingabe zu bezeigen,
weihe ich dir heute meine Augen,
meine Ohren, meinen Mund, mein Herz,
mich selber ganz und gar.
Weil ich also dir gehöre, o gute Mutter,
bewahre mich, beschütze mich
als dein Gut und Eigentum!

Überliefert (Gotteslob [1975] 783,4)

*

Maria, bitte für uns!

Heilige Maria, Mutter Gottes –
bitte für uns!
Mutter des Schöpfers –
bitte für uns!
Mutter des Erlösers –
bitte für uns!
Mutter des guten Rates –
bitte für uns!
Jungfrau voller Güte –
bitte für uns!
Du Ursache unserer Freude –
bitte für uns!

Du Heil der Kranken –
bitte für uns!
Du Zuflucht der Sünder –
bitte für uns!
Du Trost der Betrübten –
bitte für uns!
Du Hilfe der Christen –
bitte für uns!
Du Königin aller Heiligen –
bitte für uns!
Du Königin des Friedens –
bitte für uns!

Aus der Lauretanischen Litanei

*

Du bist auch meine Mutter

Heilige Maria,
Mutter unseres Herrn Jesus Christus:
Du bist die Auserwählte Gottes.
Dich hat Franziskus verehrt
als die Königin des Himmels
und der Erde.
Durch die gütige Fürbitte
bei deinem göttlichen Sohn
schenkst du den Kranken Gesundheit,
den Betrübten Trost
und den Verlassenen Hilfe.

ich bitte dich:
Sei auch mir eine gute Fürsprecherin,
damit ich alle Schmerzen,
Nöte und Widerwärtigkeiten
geduldig und gottgefällig ertrage!
Du kannst mir helfen
in meinen Anliegen,
denn du bist auch meine Mutter. Amen.

Reinhard Abeln

*

Maria, breit den Mantel aus

Maria, breit den Mantel aus,
mach Schirm und Schild für uns daraus;
lass uns darunter sicher stehn,
bis alle Stürm vorübergehn.
Patronin voller Güte,
uns allezeit behüte!

Dein Mantel ist sehr weit und breit,
er deckt die ganze Christenheit,
er deckt die weite, weite Welt,
ist aller Zuflucht und Gezelt.
Patronin voller Güte,
uns allezeit behüte!

Maria, hilf der Christenheit,
dein Hilf erzeig uns allezeit,

komm uns zu Hilf in allem Streit,
verjag die Feind all von uns weit.
Patronin voller Güte,
uns allezeit behüte!

O Mutter der Barmherzigkeit,
den Mantel über uns ausbreit;
uns all darunter wohl bewahr
zu jeder Zeit in aller G'fahr.
Patronin voller Güte,
uns allezeit behüte!

Überliefert (Innsbruck 1640) Gotteslob (1975) 595

*

Unsere Zuflucht

Gedenke, o gütigste Jungfrau Maria:
Es ist noch nie gehört worden,
dass jemand, der zu dir seine Zuflucht genommen,
deine Hilfe angerufen,
um deine Fürbitte gefleht hat,
von dir verlassen worden ist.

Von solchem Vertrauen beseelt,
nehme ich meine Zuflucht zu dir,
o Mutter, Jungfrau der Jungfrauen.
Zu dir komme ich, vor dir stehe ich
seufzend als armer Sünder.

O Mutter des ewigen Wortes,
verschmähe meine Worte nicht,
sondern höre mich gnädig an
und erhöre mich!

Bernhard von Clairvaux

*

Maria, Königin der Liebe

Maria, Königin der Liebe,
du nie versagende Gnadenquelle!
Gedenke der unbegrenzten Macht,
die dein göttlicher Sohn
dir über sein gütiges Herz
verliehen hat!
Zeige du mir die Größe
deiner Macht und deiner Liebe!
Beglücke meinen Geist und mein Herz
mit aller nötigen Gnadenkraft
zur Erfüllung meiner Lebensaufgabe!
Befreie mich von allen Übeln!
Empfiehl mich
deinem göttlichen Sohn
und sei meine Hilfe, mein Hort
und meine Rettung im Leben
und im Sterben! Amen.

Überliefert

*

Maria, Mutter, reine Magd

Maria, Mutter, reine Magd,
all unsre Not sei dir geklagt,
denn du bist voll der Gnaden;
Fürbitterin bei deinem Sohn,
sieh her, wir knien an Seinem Thron
mühselig und beladen.

Beladen mit ererbter Schuld,
mit eigner Schuld und Ungeduld,
wir schwachen Erdenwaller!
Wie unwert wir der Hilfe sind,
du hilfst uns doch, du bist so lind,
und du erbarmst dich aller.

Sprich du für uns zu unserem Herrn,
dich liebt Er ja, dir lauscht Er gern,
dir kommt Er gern entgegen!
Nach Seinem Rat ward mir zuteil
ein reicher Hort von Huld und Heil,
ein volles Maß von Segen.

Du kennst des Lebens Bitterkeit,
den harten Drang, den schweren Streit,
auf diesen Erdenpfaden:
Maria, Mutter, reine Magd,
all unsre Not sei dir geklagt,
denn du bist voll der Gnaden.

Friedrich Wilhelm Weber

*

Du Schwester der Menschen

Heilige Maria,
du bist die Schwester der Menschen
und weißt, was wir brauchen.
Du bittest Christus um alles,
was uns nottut.
In jeder Not können wir
voll Vertrauen zu dir kommen.
Du bist unsere Fürsprecherin
und Helferin.
Darum rufe ich zu dir:
Du Schwester aller,
die in Not und Bedrängnis sind,
bitte für mich! Amen.

Reinhard Abeln

*

O Maria, sei gegrüßt!

O Maria, sei gegrüßt,
die du voller Gnade bist;
sei gegrüßt, du höchste Zier:
Gott der Herr ist selbst mit dir.

Du bist nun gebenedeit
vor den Frauen allezeit.

Lob dem, der dich heimgesucht,
Jesus, deines Leibes Frucht.

Mutter Gottes, liebe Frau,
auf uns arme Sünder schau;
bitt für uns bei deinem Sohn,
dass er uns im Tod verschon!

Nach Johann Philipp von Schönborn
aus: Gotteslob (1975) 582

*

Danke, heilige Mutter!

Danke, heilige Gottesmutter,
dass du die Botschaft des Engels
mit gläubigem Herzen aufgenommen hast!

Danke, dass du Jesus,
den Urheber des Lebens, geboren hast!

Danke, dass du weiterverschenkt hast,
was du geschenkt bekommen hast!

Danke, dass du als „Mutter aller Mütter"
mit deiner Fürbitte
bei deinem Sohn für uns einstehst!

Danke, dass du alle Schmerzen,
alles Ungewisse, alle Fragezeichen,
alle unerträglichen Spannungen
ohne Bitterkeit und Verbitterung
ausgehalten hast!

Danke, dass du als „Zuflucht der
Bedrängten"
und „Trösterin der Betrübten"
allen zur Seite stehst,
die weder aus noch ein wissen!

Danke, dass du stets bei uns bist
und sofort merkst,
wenn der „Wein ausgeht" –
der Wein des Mutes, der Hoffnung
und der herzlichen Güte!

Danke, dass du uns sagst,
dass wir nicht zufällig auf der Welt sind,
sondern dass Gott am Anfang
eines jeden Menschen steht,
dass er ihn von Ewigkeit her
in seine Hand geschrieben
und mit Namen gerufen hat! Amen.

Reinhard Abeln

*

Liebste Mutter

Liebste Mutter, wollest schauen
auf dein Volk, das mit Vertrauen
dich als seine Mutter ehrt,
von dir Hilf und Trost begehrt.

Segne uns in deinem Herzen,
tröste uns in unsern Schmerzen,
steh uns bei in aller Not,
zeig uns Jesus nach dem Tod!

Überliefert

*

Zur Muttergottes am Abend

Allerseligste Jungfrau Maria,
meine getreue Mutter
und Fürsprecherin,
aus kindlicher Liebe und Dankbarkeit
grüße ich dich am Ende dieses Tages
und danke dir für alle
mütterliche Liebe und Treue,
die du mir heute und allezeit
bewiesen hast.
In deinen jungfräulichen Schoß
und besonderen Schutz
befehle ich diese Nacht
meinen Leib und meine Seele,

mein Schlafen und Wachen,
mein Leben und Sterben,
damit ich durch deine heilige Fürbitte
jetzt und allezeit
von allem schädlichen Übel
möge bewahrt werden. Amen.

Überliefert

*

Segne du, Maria!

Segne du, Maria,
segne mich, dein Kind,
dass ich hier den Frieden,
dort den Himmel find!

Segne all mein Denken,
segne all mein Tun,
lass in deinem Segen
Tag und Nacht mich ruhn!

Segne du, Maria,
alle, die mir lieb!
Deinen Muttersegen
ihnen täglich gib!

Deine Mutterhände
breit auf alle aus,
segne alle Herzen,
segne jedes Haus!

Segne du, Maria,
unsre letzte Stund,
süße Trostesworte
flüstre dann dein Mund!

Deine Hand, die milde,
drück das Aug uns zu,
bleib im Tod und Leben
unser Segen du!

Überliefert

*

Ein Grund zur Freude

Heilige Maria, unsere Mutter,
du bist für uns ein Grund zur Freude.
Du hast uns Jesus geschenkt.
Nichts Schöneres
konntest du für uns tun.
Hilf uns, dass wir diese Freude
an andere weitergeben!
Wir wollen allen Menschen,
mit denen wir in Kontakt kommen,
Jesus schenken – zu Hause,
an unserem Arbeitsplatz,
auf der Straße.
Überall dort, wo wir uns aufhalten,
wollen wir deinen Sohn
zu den Menschen tragen

und sie empfänglich machen
für seine Gnade und Wahrheit.
Dass uns dies gut gelingen möge,
darum bitten wir dich. Amen.

Reinhard Abeln

*

Maria, Quell der Gütigkeit

Maria, Quell der Gütigkeit,
du Mutter der Barmherzigkeit;
beschirme uns, der Feind uns droht;
begleit uns in des Todes Not!

John Henry Newmann

*

Unter deinen Schutz und Schirm

Unter deinen Schutz und Schirm
fliehen wir, heilige Gottesmutter.
Verschmähe nicht unser Gebet
in unseren Nöten,
sondern errette uns jederzeit
aus allen Gefahren,
o du glorwürdige und gebenedeite
Jungfrau,

unsere Frau, unsere Mittlerin,
unsere Fürsprecherin!
Führe uns zu deinem Sohne,
empfiehl uns deinem Sohne,
stelle uns vor deinem Sohne!
Bitte für uns, o heilige Gottesgebärerin,
auf dass wir würdig werden
der Verheißungen Christi! Amen.

überliefert

*

„Was er euch sagt, das tut!“

Mutter Gottes,
nach dem Zeugnis der Bibel
warst du nicht sehr gesprächig.
Aber die sechs Worte,
die du bei der Hochzeit zu Kana
gesagt hast,
sind wegweisend für alle Zeiten:
„Was er euch sagt, das tut!“
Wie in deinem Leben,
so soll Jesus auch in meinem Leben
die Mitte sein und bleiben.
Ich weiß aus vielerlei Erfahrung:
Alles, was nicht in der Mitte
aufgehängt ist, hängt schief.
Jesus weiß den Weg für mich.
Meine Sache ist es,

auf ihn zu lauschen,
seine „Klopfzeichen“ wahrzunehmen.
Dein Wort an die Diener
soll mein täglicher Begleiter sein:
„Was er euch sagt, das tut!“
Lass mich dies nie vergessen,
gute Mutter! Amen.

Anton Kner

*

Hilf, Maria, es ist Zeit

Hilf, Maria, es ist Zeit,
hilf, Mutter der Barmherzigkeit!
Du bist mächtig, uns aus Nöten
und Gefahren zu erretten,
denn wo Menschenhilf’ gebricht,
mangelt doch die deine nicht.
Nein, du kannst das heiße Flehen
deiner Kinder nicht verschmähen.
Zeige, dass du Mutter bist,
wo die Not am größten ist.
Hilf, Maria, es ist Zeit,
hilf, Mutter der Barmherzigkeit!

Überliefert

*

Beschützerin der Kranken

Mutter Gottes,
Beschützerin der Kranken.
Allen erwirkst du Rettung,
die unter deinen Schutz fliehen.
Bitte für uns,
die wir in Krankheit, Trübsal
und Gefahr zu dir kommen,
um Trost und Erlösung!

Ostkirchliches Gebet

*

Maria hat geboren

Maria hat geboren.
aus ihrem Fleisch und Blut,
das Kindlein auserkoren,
das wahrer Mensch und Gott.

Es liegt hier in der Wiege,
das liebe Kindelein;
sein Antlitz wie ein Spiegel:
Gelobet muss es sein!

Maria, Gottes Mutter,
gelobet musst du sein!
Jesus ist unser Bruder,
das liebe Kindelein!

Dürft' ich das Kindlein küssen
an seinen lieben Mund
und wär' ich krank, fürwahr:
Ich würd' davon gesund.

Johannes Tauler

*

Du Schmerzensmutter

Heilige Maria,
du Schmerzensmutter!
An dir hat sich das Wort
des greisen Simeon erfüllt:
„Ein Schwert wird
deine Seele durchdringen."
Das Leid unter dem Kreuz
konnte nicht größer
und schmerzlicher für dich sein.
Mutter der Barmherzigkeit,
nimm in dein Herz
auch meine Anliegen auf!
Sei mir Trösterin
in meinen Sorgen und Leiden!
Ich vertraue auf deine gütige
Fürsprache bei deinem Sohn,
dem du unter dem Kreuz
deine Treue bewahrt hast. Amen.

Reinhard Abeln

*

Maria, bitte für mich!

Heller als die Sonne,
schöner als die Morgenröte
bist du, Maria,
gute und heilige Mutter!
Königliche Frau,
voll der Gnaden,
aller Engel und Heiligen Freude,
aller Christen Hilfe
bist du, Maria.
Bitte für mich bei Gott,
du, meine Schwester und Mutter!

Nach Hildegard von Bingen

*

Maria, Himmelskönigin

Maria, Himmelskönigin,
der Engel hohe Herrscherin,
o Wurzel, der das Heil entsprießt,
du Tor des Lichtes, sei gegrüßt!

Freu dich, du bist an Ehren reich,
dir ist an Gnaden keine gleich.
Ach, bitt für uns an Gottes Thron
bei Jesus, deinem lieben Sohn.

Kirchenlied (1867)

*

Liebt doch Gott die leeren Hände …

Heilige Mutter Maria,
du hast keine Bücher geschrieben.
Wir kennen nur wenige Worte
aus deinem Munde.
Du gehörst zu den wahrhaft
Stillen im Lande.
Was ich an dir bewundere,
ist deine Bescheidenheit –
verbunden mit dem Entschluss,
dich in das Unvermeidliche,
das Gott dir auferlegt hat,
zu fügen.
Diese Tugend der Bescheidenheit
möchte ich von dir lernen.
Wer bescheiden ist,
wer darüber hinaus bereit ist,
alles loszulassen,
weil es nun einmal Gott
in seiner undurchschaubaren
Weisheit so will,
der wird alles wiedergewinnen.
Liebt doch Gott die leeren Hände …
Hilf mir, gute Mutter,
so wie du zu werden! Amen.

Anton Kner

*

Kurzgebete

Maria, Mutter des Herrn,
Mutter der Barmherzigkeit,
bitte für mich!

*

O meine Gebieterin, o meine Mutter,
stehe mir bei;
zeig, dass du Mutter bist!

*

Heilige Maria, Muttergottes,
bitt' für uns arme Sünder,
jetzt und in der Stunde unseres Todes!

*

Maria mit dem Kinde lieb,
uns allen deinen Segen gib!

*

Heilige Mutter, drück' die Wunden,
die dein Sohn empfunden,
tief in meine Seele ein!

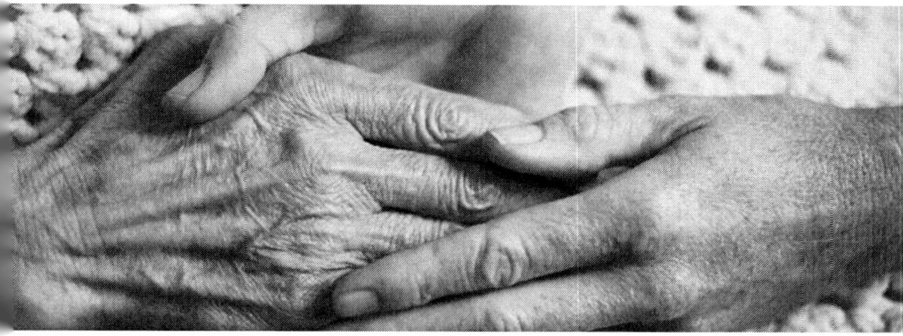

Gebete in kranken Tagen

Herr, ich bitte dich …

Mein Herr und mein Gott,
nur du kannst mir helfen.
Ich bin krank –
bitte heile mich!
Ich habe Schmerzen –
bitte lindere sie!
Ich bin schwach –
bitte stärke mich!
Ich habe Angst –
bitte sorge für mich!
Ich fühle mich einsam –
bitte sei mir nahe!
Ich will verzagen –
bitte tröste mich!
Ich bin unruhig –
bitte gib mir Geduld!
Guter und starker Gott,
erbarme dich meiner! Amen.

Reinhard Abeln

*

Was du mir sagen willst

Lieber Gott,
ich bin seit einiger Zeit krank.
Immer deutlicher erkenne ich,
was du mir durch meine Krankheit
sagen willst:
dass ich mich nicht überfordern soll;
dass „weniger“ im Leben oft „mehr“ ist;
dass der Mensch nicht daran
gemessen wird,
was er *leistet*, sondern was er *ist*;
dass einem das Wichtigste im Leben
geschenkt wird;
dass kein Weg im Leben
vergebens ist …
Ich danke dir, guter Vater, für alles,
was du mir durch meine Krankheit
sagen willst. Amen.

Reinhard Abeln

*

Geduld tut mir not

Ach, Herr,
ich weiß, dass mein Leben
in deiner Hand steht.
Du hast alle meine Tage
in dein Buch geschrieben.
Weil es nun dein Wille ist,
dass ich krank sein soll,
so lass mich deinen Willen gern tun!
Lass meine leibliche Krankheit
eine Arznei für meine Seele sein,
dass sie dadurch gesund werde!
Herr Jesus,
stelle dich mir mit deiner Geduld
am Kreuz vor Augen,
dass ich durch dein Anschauen
gestärkt werde,
mein Leiden auszuhalten!
Lass mich in meinem Mut
nicht müde werden,
sondern in Geduld
durch Leiden und Trübsal
in das Reich Gottes eingehen!
Geduld tut mir not,
dass ich deinen Willen tue
und die Verheißung empfange.
Darum erflehe ich sie von dir,
du wirst sie mir nicht verweigern.

Johann Arndt

*

Dir vertraue ich mich an

Guter Gott,
ich bin krank und habe Sorgen.
Ich weiß nicht, was du mit mir vorhast.
Ich weiß nicht, was morgen sein wird.
Eines aber weiß ich: Du sagst Ja zu mir.
Du willst nur das Beste für mich.
Weil du da bist, brauche ich mich
nicht zu fürchten.
Vater, dir vertraue ich mich an.
Dir übergebe ich meine Zukunft.
Dein heiliger Wille soll an mir geschehen.
Segne und behüte mich – Tag für Tag!
Amen.

Reinhard Abeln

*

Herr, ich bin krank

Herr, ich bin krank.
Aus der Tiefe schreie ich zu dir.
Höre mich!
Du allein weißt, wie es um mich steht.
Ich kenne deine Gedanken nicht.
Bis jetzt habe ich
über meine Zeit und Kraft verfügt,
jetzt verfügen andere über mich.
Ich habe unter Gesunden gelebt,
die Kranken nicht gesehen.

Seit gestern sehe ich ein Meer von Leid.
Hilf mir, dass ich endlich aufhöre,
mich ständig zu fragen,
warum ich krank bin!
Gib, dass ich die Zeit des Alleinseins
dazu nutze,
mein Leben in Ruhe zu überdenken!
Lass mich erkennen, wie unwesentlich
im Grunde viele Dinge waren,
die mich in gesunden Tagen
völlig ausfüllten!
Bewahre mich vor Besuchern,
die ihre Gesundheit im Blick
auf meine Schwäche genießen!
Schick mir einen Arzt,
der wenigstens hin und wieder
ein bisschen Zeit für mich hat!
Schenke mir den nötigen Weitblick,
dass ich meine Krankheit
nicht zu wichtig nehme!
Wenn du mir gelegentlich
eine kleine Geste deiner Barmherzigkeit
widerfahren lässt,
will ich dich preisen
in meinen langen Nächten.
Lass mich genesen zu einem neuen
Anfang!
Lehre mich die Kunst,
Abschied zu nehmen,
bis der letzte Abschied gelingt!

Anton Kner

Du hältst mich, guter Gott

Mein Gott,
du bist der mächtigste Arzt,
den ich habe.
Dir vertraue ich mich an:
mit meinen Schmerzen und Sorgen,
mit meinen Ängsten und Fragen.
Ich weiß: Du hältst mich,
wenn ich verzagt und unsicher bin.
Du wachst mit mir, wenn ich nicht
schlafen kann.
Du tröstest mich,
wenn ich mich einsam fühle.
In dir bin ich sicher und geborgen.
Ich danke dir, dass du, Gott,
mich hältst. Amen.

Reinhard Abeln

*

Verfüge über mich!

Vater im Himmel,
ich bitte weder um Gesundheit
noch um Krankheit,
weder um Leben noch um Tod,
sondern darum,
dass du über meine Gesundheit
und meine Krankheit,
über mein Leben und meinen Tod
verfügst zu deiner Ehre
und zu meinem Heil.

Du allein weißt,
was mir dienlich ist.
Gib mir, nimm mir;
aber mache meinen Willen
dem deinen gleich,
dass ich in demütiger,
vollkommener Unterwerfung
und heiligem Vertrauen
deine Befehle empfange!

Blaise Pascal

*

Du willst das Leben

Guter Gott,
in dir finde ich Halt und Zuversicht.
Du lässt mich nicht im Stich.
Du begleitest mich auch jetzt,
da ich krank und traurig bin.
Du gehst mit mir durch die Stunden
der größten Not.

Aus dem Glauben weiß ich:
Du willst das Leben, nicht den Tod.
Du führst mich auch dann,
wenn deine Wege mir
unbegreiflich bleiben.
Halte mich fest, mein Gott! Amen.

Reinhard Abeln

*

Lass mir alles zum Heile dienen!

Guter Gott,
in meiner Krankheit bitte ich dich:
Lass mir alles,
was ich jetzt trage und ertrage,
zum Heile gereichen!
Hilf mir,
das Unwichtige vom Wichtigen,
das Vergängliche vom Bleibenden,
das Oberflächliche vom Wesentlichen,
das Vorläufige vom Endgültigen
zu unterscheiden!
Ich danke dir,
dass du, Gott, mir Vater
und Mutter bist.
Bei dir bin ich geborgen
wie ein Vogel in seinem Nest.

Reinhard Abeln

*

Wenn es dein Wille ist

Himmlischer Vater,
Vater der Barmherzigkeit!
Ich bin krank und bitte dich:
Befreie mich von meinem Leiden,
wenn es dein Wille ist!
Gib mir die Kraft,

dass ich – wie dein Sohn –
mein Kreuz trage
und mich deinem Willen beuge.
Lass mich erkennen,
dass die Leiden dieser Zeit
nicht zu vergleichen sind
mit den Freuden
der zukünftigen Herrlichkeit!
Durch Christus Jesus,
unseren Herrn.

Reinhard Abeln

*

Du bist mein Vater

Guter und barmherziger Gott!
Auch jetzt in den Tagen der Krankheit,
in den dunklen Stunden meines Lebens,
will ich mit Jesus im Ölgarten glauben,
dass du mein Vater bist.
Vertrauensvoll lege ich alles
in deine Hände:
„Vater, wenn es möglich ist,
lass diesen Kelch an mir vorübergehen,
aber nicht mein Wille geschehe,
sondern der deine!“
Dankbar vertraue ich auf dein Wort,
dass „denen, die Gott lieben,
alles zum Besten gereicht“

und „dass die Leiden dieser Zeit
nicht zu vergleichen sind mit
der Herrlichkeit,
die einmal an uns offenbar
werden wird“.

Überliefert

*

Ich rufe zu dir

„Herr, wenn du willst,
kannst du mich gesund machen.“
So rufe ich in meiner Krankheit zu dir.
Du hast die Kranken geheilt,
du hast unsere Krankheiten
auf dich genommen
und unsere Schmerzen getragen.
Durch deine Wunden sind wir geheilt.
Ich bitte nicht:
Lass mich sogleich geheilt werden.
Ich bitte nur: Gib mir die Kraft,
mein Kreuz mit dir zu tragen!
Lass mich dein Gebet
am Ölberg mitsprechen:
„Vater, nicht mein,
sondern dein Wille geschehe!“
Gib mir Anteil an deiner Geduld!
Wecke in mir die Hoffnung

auf deine Güte und Macht!
Im Vertrauen auf deine Liebe
lass mich mit dir gehen
durch Kreuz und Leid
zur österlichen Freude
und zur Herrlichkeit der Auferstehung!

Gotteslob (1975) 10,2

*

Schenke mir dein Erbarmen!

Herr, mein Gott,
du liebst mich.
Du sorgst für mich.
Du führst mich.
Heute bitte ich dich:
Bewahre mich auch in meiner Krankheit!
Schenke mir dein Erbarmen
und deinen Segen!
Im Namen des Vaters und des Sohnes
und des Heiligen Geistes. Amen.

Reinhard Abeln

*

Du weißt, was ich nötig habe

Guter Gott, du kennst mich.
Du allein weißt,
was ich nötig habe
und was gut für mich ist.
Hilf mir, meine Krankheit
geduldig zu ertragen!
Mach mich stark,
deinen Willen zu tun!
Danke, Vater, für deine Güte! Amen.

Reinhard Abeln

*

Höre mein Klagen!

Lieber Gott,
lass mich wenigstens eine Zeit lang
meine Schmerzen vergessen
und schenke mir ein wenig Schlaf!
Diese Wohltat habe ich so oft
in meinem Leben genossen,
ohne sie zu schätzen
und dir dafür zu danken.
Stunde um Stunde liege ich wach
und die Nacht will nicht vergehen.
Höre mein Klagen
und lass mich ruhig werden! Amen.

Reinhard Abeln

*

Was ich übersehen habe

Herr, früher habe ich gemeint,
ich müsste immerzu gesund
und erfolgreich sein,
bei allem, was ich tue, stark sein …
Dabei habe ich übersehen,
was mir erst in der Krankheit
aufgegangen ist:
Es kommt im Leben nicht darauf an,
immer stark und erfolgreich zu sein.
Das Leben hat einen Sinn auch dann,
wenn ich nicht mit Gesundheit
und Glanzleistungen aufwarten kann.
Segne mich in meiner Schwachheit
und schenke mir Kraft! Amen.

Reinhard Abeln

*

Nimm mein Leben in deine Hände!

Herr, erinnere dich,
dass es mich gibt!
Ich bin krank und habe Sorgen.
Bei Tag und Nacht leide ich
Schmerzen und oft abgrundtiefe Angst.
Vieles ficht mich an
und bedroht mich.
Herr, mein Gott,

vergiss mich nicht und hilf mir!
Sei mir Licht auf dem Weg,
dass ich sehe!
Sei mir Kraft, dass ich bestehe!
Nur auf dich verlasse ich mich.
Mein Leben wende;
nimm es in deine Hände!

Nach Psalm 12

*

In deinem Namen …

Guter Vater im Himmel,
du schickst mir täglich Aufgaben,
damit ich sie bewältige
und an ihnen reife.
Für den Augenblick hast du mir
meine Krankheit aufgegeben.
Ich bitte dich:
Gib mir die Kraft,
sie anzunehmen,
ohne zu klagen.
Bewahre mich in deinem Namen!
Führe mich dorthin,
wohin du mich haben willst!
Durch Christus, unseren Herrn. Amen.

Reinhard Abeln

*

Herr, ich brauche dich

Herr, ich habe Zeit. Viel Zeit.
Als Gesunder dachte ich,
wie schön es wäre,
viel Zeit zu haben.

Nun habe ich also Zeit, zwangsweise.
Aber diese Stunden und Tage
sind eine andere Art von Zeit.
Zeit zum Denken und Nachdenken,
Sinnieren und Grübeln.
So vieles geht mir durch den Kopf.

Herr, ich brauche dich:
Bewahre mir guten Mut, Vertrauen
und die Zuversicht,
dass du gut bist zu uns, deinen Kindern.
Sei du unser Gott in Freude und Leid!

Blaise Pascal

*

Vater, ich glaube

Vater, ich glaube,
dass du mir hilfst,
mit meiner Krankheit fertigzuwerden;
dass du gütig bist
und mich bedingungslos liebst.

Vater, ich glaube,
dass du mein Leben bis in seine
kleinsten Einzelheiten geplant hast,
obwohl ich deinen Plan
nicht durchschauen kann;
dass du mich in die „Wüste“ führst
und mir dort begegnen willst;
dass du gibst,
auch wenn du nimmst.
Vater, ich glaube,
dass du mich innerlich reich
machen willst;
dass du das einzig zuverlässige
Geländer bist,
an dem ich mich festhalten kann;
dass du mir behilflich bist,
um über mich selbst hinauszuwachsen.

Vater, ich glaube,
dass ich angetreten bin
nach dem Gesetz des Weizenkorns,
das sterben muss,
um Frucht zu bringen;
dass du am Ende der Zeit
alle Tränen trocknen
und weder Trauer noch Klage
noch Schmerz zulassen wirst.
Vater, ich danke dir für meinen Glauben.
Amen.

Reinhard Abeln

*

Ertrage mich in meiner Hilflosigkeit!

Lieber Gott,
es fällt mir nicht leicht,
mit meiner Krankheit fertigzuwerden.
Darum bitte ich dich:
Verzeih mir meine Ungeduld,
meine Angst und Wehleidigkeit,
mein ständiges Kreisen um mich selbst,
meinen mangelnden Glauben,
meine Ansprüche anderen gegenüber.
Ertrage mich bitte so,
wie ich im Augenblick bin –
mit meiner ganzen Armseligkeit
und Hilflosigkeit!
Ich danke dir, mein guter Vater. Amen.

Reinhard Abeln

*

Für alle, die krank sind

Himmlischer Vater,
Vater der Barmherzigkeit!
Ich bitte dich für alle, die krank sind:
Befreie sie von ihren Leiden,
wenn es dein Wille ist!
Gib ihnen die Kraft,

dass sie – wie dein Sohn –
ihr Kreuz tragen können
und sich deinem Willen beugen!
Lass alle Kranken erkennen,
dass die Leiden dieser Zeit
nicht zu vergleichen sind
mit den Freuden
der zukünftigen Herrlichkeit!
Durch Christus Jesus, unseren Herrn.
Amen.

Reinhard Abeln

*

Danken will ich dir

Mein Gott,
ich habe in größter Not
zu dir gebetet
und dich um Hilfe angefleht.
Du hast mein Rufen gehört
und mich gesund werden lassen.
Du hast mich aus der Tiefe
herausgezogen und mich geheilt.
Danken will ich dir
alle Tage meines Lebens. Amen.

Reinhard Abeln

*

Kurzgebete

Herr, ich bin nicht würdig,
dass du eingehst unter mein Dach,
aber sprich nur ein Wort,
so wird dein Knecht gesund!

*

Heile mich, Herr,
so bin ich heil,
hilf mir,
so ist mir geholfen!

Jer 17,14

*

Vor einem jähen und unversehenen Tod
bewahre mich, o Herr!

*

Erbarme dich meiner, Herr,
denn ich bin schwach.

*

Herr, lass mich nicht allein!
Lass mich nicht verzweifeln!

Gebete beim Älterwerden

Was du willst

Guter und großer Gott!
Da du es bist –
der die Dinge so geordnet hat,
lege ich alles in deine Hände
und nehme an, was du mit mir vorhast.

Ich danke dir für all die guten Jahre,
die du mir schenktest;
die Gegenwart opfere ich dir auf,
und die Zukunft vertraue ich
deiner Liebe an. Amen.

Reinhard Abeln

*

Sei bei mir!

Wie du am Anfang warst,
als die gute Welt entstand,
so sei mir huldvoll jeden Tag.

Wie du am Anfang warst,
als mein Weg begann,
so sei bei mir jede Meile.

Wie du am Anfang warst,
als du meine Seele formtest,
so halte mich in deinen Händen
bis ans Ende.

aus Irland

Danke dir, Herr!

Herr, ich habe dich um Kraft gebeten,
damit ich Erfolg habe;
du hast mich schwach werden lassen,
damit ich gehorchen lerne.

Ich habe dich um Gesundheit gebeten,
um große Dinge zu tun;
ich habe Krankheit erhalten,
um Besseres zu tun.

Ich habe dich um Reichtum gebeten,
um glücklich zu sein;
ich habe die Armut erhalten,
um weise zu sein.

Ich habe dich um Macht gebeten,
um von den Menschen
geschätzt zu sein;
ich habe die Ohnmacht erhalten,
um Verlangen nach dir zu verspüren.

Ich habe dich um Freundschaft gebeten,
um nicht allein leben zu müssen;
du hast mir ein Herz gegeben,
um alle meine Brüder zu lieben.

Ich habe nichts gehabt von dem,
was ich erbeten hatte;
ich habe alles gehabt,
was ich erhofft hatte.

Fast gegen meinen Willen sind alle
meine ungesagten Gebete
erhört worden.
Ich bin der Beschenkteste
aller Menschen.
Danke dir, Herr!

Auf einer Bronzetafel in einem New Yorker Spital

*

Wir sind nur Gast auf Erden

Wir sind nur Gast auf Erden
und wandern ohne Ruh
mit mancherlei Beschwerden
der ewigen Heimat zu.

Die Wege sind verlassen,
und oft sind wir allein.
In diesen grauen Gassen
will niemand bei uns sein.

Nur einer gibt Geleite,
das ist der liebe Christ;
er wandert treu zur Seite,
wenn alles uns vergisst.

Gar manche Wege führen
aus dieser Welt hinaus.
O dass wir nicht verlieren,
den Weg zum Vaterhaus.

Und sind wir einmal müde,
dann stell ein Licht uns aus,
o Gott, in deiner Güte;
dann finden wir nach Haus.

Georg Thurmair (1935)
aus: Gotteslob (1975) 656

*

Sei du mein Helfer!

Heiliger Geist, du hast viele Namen:
Geist der Weisheit und des Verstandes,
Geist des Rates und der Stärke,
Geist der Wissenschaft
und der Frömmigkeit,
Geist der Furcht des Herrn …
Ich bitte dich, mir im Alter
nach Kräften beizustehen.
Sei du mein Helfer,
wenn ich wieder einmal
mit mir und meiner Umwelt
unzufrieden bin!
Mach mich standhaft,
wenn ich im Leid verzagen will!
Stärke mich, wenn mich
Mut und Kraft verlassen wollen!
Kehre ein in mein Herz und lass mich
stets deiner göttlichen Nähe erfreuen!
Amen.

Reinhard Abeln

*

Du bist meine Zuversicht

Herr, ich suche Zuflucht bei dir.
Lass mich doch niemals scheitern!
Reiß mich heraus
und rette mich
in deiner Gerechtigkeit,
wende dein Ohr mir zu und hilf mir!
Sei mir ein sicherer Hort,
zu dem ich allzeit kommen darf!

Herr, mein Gott,
du bist ja meine Zuversicht,
meine Hoffnung von Jugend auf.
Mein Mund ist erfüllt von deinem Lob,
von deinem Ruhm den ganzen Tag.
Verwirf mich nicht, wenn ich alt bin,
verlass mich nicht,
wenn meine Kräfte schwinden!

Gott, du hast mich gelehrt
von Jugend auf,
und noch heute verkünde ich
dein wunderbares Walten.
Auch wenn ich alt und grau bin,
o Gott, verlass mich nicht,
damit ich der Nachwelt künde
von deinem machtvollen Arm,
den kommenden Generationen
von deiner Stärke

und von deiner Gerechtigkeit,
denn sie ist größer als alles.
Du hast Großes vollbracht.
Mein Gott, wer ist wie du?

Aus Psalm 71

*

Nie Dank genug

Nie kann, o Herr, ich danken dir genug:
Es soll dir danken jeder Atemzug,
es soll dir danken jeder Herzensschlag
bis zu dem letzten Schlag am letzten Tag:
Es soll dir danken jeglicher Gedanke.
Nichts andres möcht' ich denken als:
Ich danke, danke!

Überliefert

*

Im Schatten deiner Flügel

Herr, unser Gott,
im Schatten deiner Flügel haben wir Hoffnung;
schütze uns und trage uns!
Du wirst uns tragen
von unserer Kindheit an
bis ins hohe Greisenalter.
Denn unsere Kraft ist nur dann Kraft,
wenn sie aus dir kommt;
wenn sie aus uns kommt,
ist sie Schwäche.
Reich und schön ist unser Leben
in deiner Nähe;
doch weil wir uns abgewandt haben von dir,
sind wir auf Irrwege geraten.
Damit wir nicht umkommen,
lass uns heimkehren zu dir.
Bei dir haben wir Heil in Fülle,
weil du selber das Heil bist.
Darum vertrauen wir darauf,
die Heimat wiederzufinden,
die wir einst verließen.
Auch wenn wir ferne waren,
das Haus, dein in Ewigkeit,
ist immer für uns da.

Aurelius Augustinus

*

Ich werde alt

O Herr, du weißt besser als ich,
dass ich von Tag zu Tag älter
und eines Tages alt sein werde.
Bewahre mich vor der Einbildung,
bei jeder Gelegenheit und zu jedem Thema
etwas sagen zu müssen …
Lehre mich schweigen
über meine Krankheiten und Beschwerden!
Sie nehmen zu –
und die Lust, sie zu beschreiben,
wächst von Jahr zu Jahr.
Ich wage nicht, die Gabe zu erflehen,
mir Krankheitsschilderungen anderer
mit Freude anzuhören,
aber lehre mich,
sie geduldig zu ertragen!
Erhalte mich so liebenswert wie möglich!
Ich möchte kein Heiliger sein –
mit ihnen lebt es sich so schwer –,
aber ein alter Griesgram
ist das Krönungswerk des Teufels.

Theresia von Avila

*

Ich bin allein

Ich bin allein.
Keiner außer dir, mein Gott,
begleitet mich auf meinem Weg.
Was soll ich fürchten,
wenn du bei mir bist,
der Tag und Nacht geschaffen hat?
Wenn du mich beschützt,
bin ich sicherer,
als wenn ein ganzes Heer
mich beschützte.

Kolumbus

*

Ein weises Herz

Herr, du warst unsere Zuflucht
von Geschlecht zu Geschlecht.
Unser Leben währt siebzig Jahre,
und wenn es hochkommt, sind es achtzig.
Unsere Tage zu zählen, lehre uns!
Dann gewinnen wir ein weises Herz.

Psalm 90,1.10.12

*

Gib, dass ich wesentlich lebe!

Guter Vater im Himmel!
Du kennst mich besser,
als ich mich selbst kenne.
Du hast mein Leben bis in seine
kleinsten Einzelheiten geplant,
obwohl ich deinen Plan
nicht durchschauen kann
und jemals durchschauen werde.
Du bist das Ziel meiner Wege,
auch meiner Umwege,
Irrwege und Zick-Zack-Wege.
Ich weiß, dass du ein Herz hast,
dass du den Menschen bedingungslos
liebst,
dass du gibst, auch wenn du nimmst,
dass du keine Antwort schuldig bleibst
auf die geringfügigste Frage.
Gib, dass ich wesentlich lebe
und mich nicht an Kleinigkeiten,
die nichts taugen, verliere!
Lass mich erkennen, dass alles,
was mir gelingt, „Gnade“ ist,
dass ich vom „Empfangen“ lebe!
Bleib du meine höchste Freude,
mein unsagbares Glück! Amen.

Reinhard Abeln

*

So nimm denn meine Hände!

So nimm denn meine Hände
und führe mich,
ich werde immer älter,
ich brauche dich!
Die Haare werden bleicher,
mein Gang wird schwer.
Herr, stütze meine Knie,
ich kann nicht mehr.

So nimm denn meine Hände,
sei du mein Licht,
ich kann allein nicht gehen,
verlass mich nicht!
Ich brauche dich als Stütze,
fass meine Hand,
führ mich durch Nacht und Dunkel
ins Vaterland!

Überliefert

*

Vergib mir meine Schuld!

Mein Herr und mein Gott,
es sind vor allem meine Verfehlungen,
die mich jetzt im Alter belasten.
Wie oft bin ich
im Leben schuldig geworden:

gegen dich, gegen meine Mitmenschen
und gegen mich selbst.
Wie oft habe ich Unrechtes getan
und Gutes unterlassen.
Ich bitte dich, barmherziger Gott:
Vergib mir meine Schuld!
Lösche alles Unrechte in mir aus!
Schenke mir dein Erbarmen
und deinen Segen! Amen.

Reinhard Abeln

*

Du lässt mich leben

Herr,
ich bin alt, schwach und krank,
ich kann nichts mehr tun;
aber du lässt mich leben.
So will ich da sein für dich.
Hilf mir, dass ich all die Dienste,
die ich von anderen brauche,
willig und dankbar annehme!
Gib du deinen Segen allen,
die mir Gutes tun!

Gotteslob (1975) 11,1

*

Ich danke dir für jeden Tag

Großer und guter Gott,
ich danke dir für jeden Tag,
den ich leben darf.
Ich danke dir für jedes Lächeln,
das mir einer schenkt,
für jede Gefälligkeit,
die mir jemand erweist,
für jeden Trost,
den ich erhalte,
für jede Blume,
die mir Freude bringt.
Ich danke dir
für jedes Tröpflein Glück,
für jeden friedvollen Augenblick
für jeden empfangenen Freudenstrahl …
Herr, du lässt mich täglich spüren,
wie sehr du mich liebst.
Ich danke dir. Amen.

Reinhard Abeln

*

Herr, lass genug sein!

O Herr,
bitter ist das Brot des Alters
und hart.

Wie erschien ich mir früher reich
– wie arm bin ich nun,
einsam und hilflos.
Wozu tauge ich noch auf Erden?
Schmerzen plagen mich
Tag und Nacht,
träge rinnen die Stunden
meiner schlaflosen Nächte dahin;
ich bin nur noch ein Schatten
dessen, der ich einmal war.
Ich falle den anderen zur Last.
Herr, lass genug sein!
Wann wird die Nacht enden
und der lichte Tag aufgehen?
Hilf mir, geduldig zu sein!
Zeig mir dein Antlitz,
je mehr mir alles andere entschwindet!
Lass mich den Atem
der Ewigkeit verspüren,
nun, da mir aufhört die Zeit!
Auf dich, Herr, habe ich gehofft;
lass mich nicht zugrunde gehen
in Ewigkeit!

Michelangelo Buonarroti

*

Vollende, was ich nur beginnen konnte!

Herr, du kennst die Zahl der Jahre,
Monate und Tage,
die mir noch verbleiben.
Mach du aus mir einen wachsamen,
guten und getreuen Knecht!
Lass mich immer reden,
als wäre es das letzte Wort,
das ich sprechen kann!
Lass mich immer handeln,
als wäre es die letzte Handlung,
die ich vollbringen kann!
Lass mich immer beten,
als wäre es für mich die letzte
Chance, mit dir zu reden!
Verzeih, was ich gefehlt habe,
vollende, was ich nur beginnen konnte!
Fülle du meine leeren Hände!

Reinhard Abeln

*

Alles ist von dir

Nimm an, o Herr,
meinen Willen, mein Gedächtnis,
meinen Verstand

und alles, was ich habe!
Alles ist von dir
und ich überlasse es dir wieder.
Gib mir nur die Liebe zu dir
und deine Gnade
und ich bin reich genug
und verlange nichts weiter.

Ignatius von Loyola

*

Du verlässt mich nicht

Gott, du bist so wundervoll
bei mir gewesen
alle Tage meines Lebens.
Du wirst mich auch in Zukunft
nicht verlassen.
Lass mich meinen Weg nicht gehen,
ohne an dich zu denken!
Lass mich alles
vor dein Angesicht tragen,
um dein Ja zu erfragen
und deinen Segen für jedes Tun!

John Henry Newman

*

Komm, du wahres Licht!

Komm, du wahres Licht!
Komm, du ewiges Leben!
Komm, du Licht ohne Untergang!
Komm, du Auferwecker der Toten!
Werde mir ein Tag ohne Abend,
eine Sonne ohne Untergang!
Schlage dein Zelt in mir auf, wohne in mir
und bis zu meinem Abscheiden
geh nicht hinweg von mir,
dass ich in meinem Leben,
in meinem Sterben und nach meinem
Tode mich erfinde in dir,
der du alles beherrschst.
Denn du bist das Gute ganz,
die Schönheit ganz
und ganz die Seligkeit. Amen.

Symeon der neue Theologe

*

Ich geb aus meinen Händen

Ich geb aus meinen Händen
mein Los in deine Hand.
Du mögest, Herr, es wenden
mit göttlichem Verstand.

Du weißt, was ich nie wusste,
was mir ist nutz und gut.
Nur sicher vor Verluste
bin ich in deiner Hut.

Friedrich Rückert

*

Verlass uns nicht!

Du bist
in unserer Mitte, Herr,
und dein Name
ist über uns ausgerufen.
Verlass uns nicht!

Jeremia 14,9

*

Danke für alle guten Menschen!

Herr, ich danke dir
für die Menschen,
die für mich im Alter
Verständnis zeigen.
Jeden Tag erfahre ich aufs Neue,
dass ich geliebt, geachtet

und nicht alleingelassen bin.
Immer wieder gibt es jemanden,
der mit freundlichem
Lächeln verweilt,
um mit mir zu plaudern.
Wie viel Gefälligkeiten
werden mir Tag für Tag
von Menschen erwiesen!
Segne alle,
die mir in ihrer Güte
die Tage erleichtern,
die mir noch bleiben auf dem Weg
in die ewige Heimat! Amen.

Reinhard Abeln

*

Danke, lieber Gott …

für alle Menschen,
die mich mögen,
die nachsichtig sind
mit meinen Schwächen,
die mir zulächeln,
die aufmerksam sind
für meine Wehwehchen …

Reinhard Abeln

*

Danke, lieber Gott!

Danke für das gute Essen,
lieber Gott!,
sagen die Kinder.
Was kann ich
als Fünfundsiebzigjährige sagen?
Danke, lieber Gott,
für mein gutes Leben,
für all die Liebe,
die mir geschenkt wurde!

Agatha Christie

*

Nächstens wird ich 60

Nächstens wird ich 60;
nach dem Himmel lechz' ich.
Doch, o Gott, es hat noch Zeit:
Lang ist ja die Ewigkeit.

Füg, o Gott, noch 10 hinzu,
eh du gibst die ew'ge Ruh!
10 zu 60 – dann ergibt sich
die schöne Zahl von 70.

Doch noch höher geht mein Ziel:
Nochmal 10 wär' nicht zu viel.

Denn wer 70, macht sich
Hoffnung auch auf 80.

Herr, es wär' nicht einzig,
erreicht ich noch die 90.
Schließlich wär' ich nicht verwundert,
brächt ich's gar auf 100.

Joannes Baptista Sproll

*

Kurzgebete

Herr, sieh mich an!
Es genügt mir, dass du alles weißt.

*

Vater, ich gebe mein Leben in deine Hand.

*

In deinen Armen bin ich sicher.
Wenn du mich hältst,
habe ich nichts zu fürchten.

*

Herr, in deiner Hand bin ich geborgen.

Gebete um einen guten Tod

Ich blicke auf zu dir

Ich blicke auf zu dir, mein Jesus.
Du bist gekommen, um für mich
auf Erden zu leiden und zu sterben.
Durch deine Gnade
erwarte ich den Tod in Frieden,
in der Hoffnung,
auf immer mit dir vereint zu sein.
Bis dahin lebe ich froh und zufrieden –
sei es mit den Gütern,
die du mir gegeben,
sei es mit den Leiden,
die du zu meinem Heil geschickt hast
und die du mich
durch dein eigenes Leben
zu erdulden gelehrt hast. Amen.

Blaise Pascal

*

Nimm von mir alle Angst!

Guter und barmherziger Gott!
Ich weiß nicht,
wie lange ich noch zu leben habe.
Das liegt ganz allein in deinen Händen.
Um eines aber bitte ich dich:

Nimm von mir die Angst
vor dem Sterben und dem Tod!
Lass mich nicht krampfhaft
an diesem irdischen Leben kleben
und nicht um ein paar Jahre,
Wochen oder Tage feilschen!
Hilf mir, dem Tod mit Ergebung
und Gelassenheit entgegenzusehen,
erfüllt von der Hoffnung
auf die Auferstehung!
Schenke mir eine gute Todesstunde
und lass mich eines Tages
glücklich bei dir wohnen! Amen.

Reinhard Abeln

*

So wie du es fügst …

Herr, ich weiß, dass du mich liebst,
dass mein Sterben genauso
in deinen Händen liegt
wie mein Leben.
Ich will glauben, dass alles,
so wie es kommt,
in deine Liebe eingeschlossen ist.
So wie du es fügst,
wird es gut sein für mich.
Hilf mir, deinen Willen zu verstehen
und anzunehmen!

Hilf mir, täglich bereit zu sein,
wenn du mich rufst!
Lass mich versöhnt mit dir sterben,
in der Hoffnung,
dass du mir alles zum Guten wendest!
Herr, dein Wille geschehe!

Gotteslob (1975) 12,1

*

Wie es dir gefällt

Wie du denn, lieber Gott, mein bist,
will ich gerne sterben;
denn so gefällt es dir, lieber Vater,
und der Tod kann mir nicht schaden,
er ist verschlungen in den Sieg.
Und dir, lieber Herr und Gott, sei Dank,
der du uns den Sieg gegeben hast
durch unseren Herrn Jesus Christus.

Martin Luther

*

Zurück in deine Hände

Allmächtiger Vater,
unergründlich sind deine Geheimnisse
und unerforschlich deine Wege.
Du hast mich erschaffen
und willst mich nun wieder
zu dir nehmen.
Alles, was ich bin und habe,
lege ich in deine Hände zurück.
Schenk mir deine vergebende Liebe!
Hilf mir, dass ich allen vergeben kann!
Nimm hin mein Leben
und verwandle es!
Lass mich auferstehen
und ewig leben
in deiner Herrlichkeit!

Gotteslob (1975) 12,2

*

An dich glaub ich

An dich glaub ich,
auf dich hoff ich,
Gott, von Herzen lieb ich dich.

Niemand soll mir diesen Glauben,
weder Tod noch Hölle, rauben.

Und wenn einst mein Herz
will brechen,
will ich noch im Sterben sprechen:

An dich glaub ich,
auf dich hoff ich,
Gott, von Herzen lieb ich dich! Amen.

Überliefert

*

In Todesnot

O Gott,
schließ mir dein Herz nicht zu,
bei dir allein ist wahre Ruh'.
Lass nie mich von der Gnade dein,
von deiner Lieb' geschieden sein.

Überliefert

*

Dir gehöre ich

Jesus, dir leb ich.
Jesus, dir sterb ich.
Jesus, dein bin ich
im Leben und im Tod.

Überliefert

*

Ich rufe dich um Hilfe an

Hilf mir in meiner Verzweiflung,
Herr, mein Gott.
Ich hänge zwischen Leben und Tod.
Meine Krankheit macht
mir Schmerzen.
Meine Hilflosigkeit
und das Unvermögen derer,
die mir helfen wollen, quälen mich.
Ich muss damit rechnen,
dass es zu Ende geht.
Ich rufe dich um Hilfe an.
Lass mich noch einmal gesund werden!
Ich will das zurückgegebene Leben
besser zu deiner Ehre
und für meine Mitmenschen nützen
als die bisherigen Jahre.

Solltest du aber entscheiden,
dass ich sterben muss,
hilf mir in dieser Stunde!
Lass mich deiner Gnade
gewiss werden im Blick
auf das kommende Gericht
und gib mir die Zuversicht
des ewigen Lebens!

Blaise Pascal

*

Fülle meine leeren Hände!

Herr, die kennst die Zeit,
die mir hier auf Erden noch verbleibt.
Ich bitte dich:
Lass mich sterben zu der Zeit,
an dem Ort und in der Weise,
wie es deinem Willen entspricht
und deinem Ruhm dient!
Verzeih, was ich gefehlt,
vollende du,
was ich nur beginnen konnte!
Fülle du meine leeren Hände!
Bleib du das Ziel aller Ziele,
das Ende aller meiner Wege,
die Freude am Ende ohne Ende!

Anton Kner

*

Unser Bruder

Gepriesen seist du, mein Herr,
durch unseren Bruder,
den leiblichen Tod;
ihm kann kein Mensch
lebend entrinnen.
Wehe jenen,
die in schwerer Sünde sterben!
Selig jene, die sich

in deinem heiligen Willen finden,
denn der zweite Tod
wird ihnen kein Leid antun!
Lobet und preiset meinen Herrn
und erweist ihm Dank
und dient ihm mit großer Demut!

Franz von Assisi

*

… nur ein Gast bei dir

Herr, tu mir mein Ende kund
und die Zahl meiner Tage!
Lass mich erkennen,
wie sehr ich vergänglich bin!
Ich bin nur ein Gast bei dir,
auf dich allein will ich harren.

Psalm 39,5.8.13

*

Von aller Not erlöst

Herr, himmlischer Vater,
ich danke dir
aus dem Grunde meines Herzens,
dass du mich erschaffen hast.
Herr Jesu Christe,
ich danke dir, dass du mich
mit dem Feuer deiner Liebe
gereinigt und geheiligt hast.
O heilige, ungeteilte Dreifaltigkeit,
ich bitte dich,
dass du eingedenk seiest
all deiner Treue
und mir verleihest
einen barmherzigen Tod,
der mich erlöse von aller Not.

Mechthild von Magdeburg

*

Sterben ist mein Gewinn

Christus, der ist mein Leben,
Sterben ist mein Gewinn.
Ihm will ich mich ergeben;
mit Fried fahr ich dahin.

Mit Freud fahr ich von dannen
zu Christ, dem Bruder mein,
auf dass ich zu ihm komme
und ewig bei ihm sei.

Ich hab nun überwunden
Kreuz, Leiden, Angst und Not;
durch seine heilgen Wunden
bin ich versöhnt mit Gott.

Alsdann lass sanft und stille,
o Herr, mich schlafen ein
nach deinem Rat und Willen,
wenn kommt mein Stündelein.

In dir, Herr, lass mich leben
und bleiben allezeit,
so wirst du mir einst geben
des Himmels Wonn und Freud.

Jena 1609
in: Gotteslob (1975) 662

*

Vereinige mich mit dir!

Mein Heiland,
auch du hast nur durch Leiden
in die Herrlichkeit gelangen wollen.
An den Malen deiner Leiden
bist du von deinen Jüngern
erkannt worden
und auch du erkennst
an ihren Leiden die,
welche deine Jünger sind.
Erkenne auch mich
und vereinige meinen Willen
mit dem deinen
und meine Schmerzen mit denen,
die du gelitten hast!
Gib, dass die meinigen
zu den deinigen werden!
Vereinige mich mit dir;
erfülle mich mit dir
und deinem Heiligen Geist!

Blaise Pascal

*

Herr, wie du willst

Herr, *wie* du willst, soll mir geschehn,
und wie du willst, so will ich gehn,
hilf deinen Willen nur verstehn!

Herr, *wann* du willst, dann ist es Zeit,
und wann du willst, bin ich bereit,
heut und in alle Ewigkeit.

Herr, *was* du willst, das nehm ich hin,
und was du willst, ist mir Gewinn:
genug, dass ich dein Eigen bin.

Herr, *weil* du's willst, drum ist es gut,
und weil du's willst, drum hab ich Mut:
Mein Herz in deinen Händen ruht.

Rupert Mayer

*

Gott, lass mich sterben!

O Herr Gott,
lass mich sterben,
damit ich aufhöre zu sterben!
Denn solange wir hier leben,
fühlen wir ohne Unterlass
des Todes Stachel,
kranken und sterben alle Tage.

Aber wenn wir
vor der Welt tot sind,
so leben wir erst
und dürfen uns in Ewigkeit
vor keiner Gefahr
und keinem Sterben fürchten,
weil unser zeitlich Tod ist
ein Ende des Todes
und ein Anfang des Lebens. Amen.

Polykarpus von Smyrna

*

Osterfreude

Allmächtiger Gott,
durch die Auferstehung deines Sohnes,
unseres Herrn Jesus Christus,
hast du die Welt mit Jubel erfüllt.
Lass mich durch die Fürsprache
seiner Mutter Maria
zur unvergänglichen Osterfreude
gelangen!
Darum bitte ich durch Christus,
unsern Herrn. Amen.

Anton Kner

*

Wenn ich sterben werde

Herr, ich komme zu dir,
denn ich habe in deinem Namen
den Acker bestellt.
Dein ist die Saat.
Ich habe diese Kerze gebildet.
An dir ist es, sie anzuzünden.
Ich habe diesen Tempel gebaut.
An dir ist es,
sein Schweigen zu bewohnen.

Antoine de Saint-Exupéry

*

Auf dich hoffe ich

Herr Jesus Christus,
du willst mich jetzt ganz zu dir nehmen.
Im Tod werde ich mein Leben
nicht verlieren,
nein, du wirst es mir neu
und für immer schenken.
Du hast die Macht,
mir mein Leben neu zu geben.
Du hast ja selbst den Tod überwunden
und bist auferstanden.
In diesem neuen Leben werde ich

keine Trauer, keinen Schmerz
und keine Krankheit mehr kennen.
Jesus Christus, auf dich hoffe ich.

Gotteslob (1975) 12,3

*

Seele Christi, heilige mich!

Seele Christi, heilige mich.
Leib Christi, rette mich.
Blut Christi, tränke mich.
Wasser der Seite Christi, wasche mich.
Leiden Christi, stärke mich.
O guter Jesus, erhöre mich.
Birg in deinen Wunden mich.
Von dir lass nimmer scheiden mich.
Vor dem bösen Feind beschütze mich.
In meiner Todesstunde rufe mich,
zu dir zu kommen heiße mich,
mit deinen Heiligen zu loben dich
in deinem Reiche ewiglich. Amen.

Gotteslob (1975) 6,7

*

Dank, mein Gott!

Mein Gott,
für das andere Licht,
das du meiner Seele gegeben hast –
Dank!
Mein Gott,
für die Ruhe,
die du meiner Seele gegeben hast –
Dank!
Mein Gott,
die Nacht ist da.
Du wirst meine Augen schließen,
bevor es Tag wird,
und ich werde von Neuem malen
Bilder für dich
von der Erde und vom Himmel.

Marc Chagall

*

Mein Ehepartner ist gestorben

Vater, du hast meinen Mann (meine Frau)
zu dir genommen.
Wir sind ein Stück unseres Lebens
miteinander gegangen.
Wir haben vieles miteinander geteilt,
Freud und Leid,
frohe und schwere Stunden.
Es war schön,
wenn es auch nicht immer leicht war.
Dafür danke ich dir.
Nun hat mein Mann (meine Frau)
zuerst das Ziel erreicht.
Ich bleibe allein zurück.
Lohne ihm (ihr) alle Liebe und Treue
mit ewiger Freude!
Mir aber gib Kraft zu sagen:
Dein Wille geschehe,
auch wenn dein Weg unbegreiflich ist!
Und lass uns im Himmel
mit dir vereint sein!
Maria, Trösterin der Betrübten,
bitte für uns! Amen.

Reinhard Abeln

*

Kurzgebete

Vater, in deine Hände befehle ich
meinen Geist.

*

Jesus, Maria, Josef, lasst meine Seele
mit euch in Frieden scheiden!

*

In meiner Todesstunde rufe mich,
zu dir zu kommen heiße mich.

*

Herr, gedenke meiner in deinem Reich!

*

Herr, nimm mich zu dir!

*

Auf dich, Herr,
habe ich meine Hoffnung gesetzt,
in Ewigkeit werde ich nicht
zuschanden.